Título original: *Lieh-Tzu*

Diseño de colección: Gerardo Domínguez

Editorial EDAF, S.L.U.
Jorge Juan, 68. 28009 Madrid
http://www.edaf.net
edaf@edaf.net

Algaba Ediciones, S. A. de C. V.
Calle 21, Poniente 3323, entre la 33 sur y la 35 sur
Colonia Belisario Domínguez
Puebla 72180, México
jaime.breton@edaf.com.mx

Ediciones y Distribuciones EDAF, SRL
Chile, 2222
1227 - Buenos Aires, Argentina
fernando@edafarg.net

EDAF Chile, S.A.
Huérfanos 1178, oficina 50
Santiago - Chile
comercialedafchile@edafchile.cl

4.ª reimpresión, abril de 2026

ISBN: 978-84-414-4002-9
Depósito legal: M-37889-2019

Impreso en España Printed in Spain

Impreso por Service Point (Madrid)

Papel 100% procedente de bosques gestionados con criterios de sostenibilidad

Lie Tse

Una guía taoísta sobre el arte de vivir

Versión y notas de Eva Wong

Traducción de Alfonso Colodrón

edaf

MADRID - MÉXICO - BUENOS AIRES - SANTIAGO

2026

Índice

INTRODUCCIÓN
LA LECTURA DE *LIE TSE* 15

PRIMERA PARTE
LOS DONES DEL CIELO

INTRODUCCIÓN 47
1. Lo que no ha nacido es el origen de todas las cosas 49
2. Todas las cosas están conectadas y tienen el mismo origen.. 53
3. El cielo y la tierra tienen sus virtudes y sus carencias.. 55
4. La vida y la muerte.. 57
5. Sombras, sonidos y fantasmas.. 59
6. Las etapas de la vida.. 61
7. La vida es un trabajo duro, la muerte es descansar 63
8. El valor del vacío.. 68
9. ¿Crecen o se deterioran las cosas?.. 70
10. Preocuparse por la caída del cielo.. 72
11. La vida que es prestada, la salud que es robada .. 74

SEGUNDA PARTE

EL EMPERADOR AMARILLO

Introducción 79

12. El Emperador Amarillo visita las tierras inmortales 81
13. Cabalgar sobre el viento, flotar con las nubes 84
14. El arte de permanecer bajo el agua y caminar a través del fuego 87
15. El arte del tiro con arco 89
16. Hazañas de poder 91
17. El arte de domesticar tigres 95
18. El arte de gobernar una barca 97
19. El arte de nadar 99
20. El hombre que podía atravesar el fuego 101
21. Lie Tse y el brujo 103
22. El miedo de Lie Tse 106
23. Lao Tse enseña a Yang-chu 108
24. ¿Qué hay tras las apariencias? 110
25. Blando y duro, plegarse y resistir 113

TERCERA PARTE

EL REY MU DE CHOU

Introducción 117

26. El sueño del rey Mu 119
27. Aprender las artes arcanas 123
28. Sueños 125
29. La verdad sobre la felicidad y la infelicidad 128
30. ¿Qué es real y qué es irreal? 130
31. El hombre que perdió la memoria 132
32. ¿Quién está confuso? 134
33. El hombre que se incomodaba por nada 136

CUARTA PARTE

CONFUCIO

INTRODUCCIÓN.. 141
34. La felicidad y la satisfacción verdaderas............. 143
35. Ver con los oídos y oír con los ojos.................... 147
36. ¿Quién es sabio?.. 149
37. ¿Qué es la sabiduría?....................................... 151
38. El hombre que tenía cara de madera 153
39. El arte de viajar y contemplar........................... 155
40. La extraña enfermedad de Lung-shu 157
41. Reaccionar de forma natural............................. 159
42. Existen cosas contra las que no se puede luchar. 160
43. ¿Quién mantiene a quién?................................ 161
44. ¿Qué es la fuerza?... 163
45. Los extraños argumentos de Kung-sun Lung...... 165
46. Saber cuándo retirarse..................................... 169

QUINTA PARTE

LAS PREGUNTAS DE TANG

INTRODUCCIÓN.. 173
47. ¿De dónde proceden las cosas?......................... 175
48. El hombre que intentaba mover las montañas.... 176
49. El hombre que intentaba atrapar el Sol.............. 178
50. El País del Norte.. 179
51. Extrañas costumbres de extraños países............ 182
52. Las preguntas de un niño 184
53. El arte de pescar.. 185
54. Intercambiar corazones y mentes 187
55. El músico Wen aprende a tocar el laúd.............. 189
56. Cuando cantaba Han-erh 191

57. Espíritus afines ... 193
58. ¿Artificial o real? ... 195
59. Aprendiendo el arte del tiro con arco ... 198
60. Tsao-fu aprende a conducir ... 201
61. La venganza de Lai-tan ... 204

SEXTA PARTE

ESFUERZO Y DESTINO

Introducción ... 211
62. El Esfuerzo discute con el Destino ... 213
63. Fortuna y valor ... 215
64. La amistad de Kuan-chung y Pao Shu-ya ... 218
65. ¿Son la vida y la muerte una cuestión de esfuerzo o de destino? ... 224
66. Un médico normal, un buen médico y un médico ingenioso ... 226
67. Yang-chu habla sobre el destino ... 228
68. No podemos conocer a personas que son diferentes de nosotros ... 231
69. Éxito y fracaso ... 233
70. El rey que codiciaba la vida y temía la muerte ... 235
71. La muerte no es una pérdida ... 237

SÉPTIMA PARTE

YANG-CHU

Introducción ... 241
72. Un nombre no significa nada y los títulos están vacíos ... 243
73. Vida: estancia temporal en el mundo; muerte: partir temporalmente ... 247
74. En la vida hay muchas diferencias; en la muerte todo es lo mismo ... 249

75. Las riquezas pueden dañarte, pero la pobreza también ... 251
76. Cuidarse a sí mismo ... 252
77. ¿Loco o iluminado? ... 254
78. ¿Qué perjudica más a la salud: el placer sin límites o el trabajo duro? ... 256
79. Todo el mundo ha de morir en algún momento . 260
80. ¿Sacrificarías una hebra del cabello para beneficiar al mundo? ... 261
81. Gobernar un país es como cuidar un rebaño de ovejas ... 263
82. Las cosas no son tan permanentes como creemos ... 264
83. Longevidad, fama, posición social y riqueza ... 266

OCTAVA PARTE

EXPLICACIÓN DE LAS COINCIDENCIAS

Introducción ... 271
84. Acción y reacción ... 273
85. ¿Por qué siguen las personas el camino del Tao?. 275
86. Lie Tse aprende el arte del tiro con arco ... 276
87. La elección de una persona adecuada para una tarea ... 277
88. ¿Podemos competir con la naturaleza? ... 278
89. Las palabras pueden hacer algo de ti o destruirte 279
90. Hallarse en el lugar adecuado en el momento oportuno ... 281
91. Si puedo pisar a alguien, alguien me puede pisar 284
92. Para resolver un problema, hay que eliminar la causa, no el síntoma ... 285
93. Fe y confianza ... 287
94. La mejor forma de guardar un secreto es no hablar ... 289

95. Quienes tienen éxito no se alteran por los logros; quienes saben no exhiben sus conocimientos..... 290
96. Suerte y desgracia... 292
97. Una cuestión de suerte..................................... 294
98. Ver más allá de las apariencias........................... 296
99. Manejar la propia vida y gobernar un país......... 299
100. Rango, riqueza y capacidad pueden causarte problemas.. 300
101. No se puede aplicar un mismo principio a todas las circunstancias.. 302
102. Retribución por accidente................................. 304
103. Confundir el nombre con la realidad................. 305
104. Morir por alguien que te aprecia es algo natural. 307
105. Confundido por demasiadas alternativas........... 308
106. Yang-pu y el perro.. 311
107. Conocimiento y acción...................................... 312
108. Captura y liberación: ¿Acto de compasión o de crueldad? 314
109. ¿Quién fue creado para comerse a quién?.......... 315
110. Todo está en tu mente...................................... 316
111. Quienes se hallan muy implicados, están confusos; quienes observan, están perspicaces 318

INTRODUCCIÓN
LA LECTURA DE *LIE TSE*

Esta introducción es para aquellas personas que deseen saber más sobre el trasfondo histórico y filosófico del LIE TSE[1]. Además, expone un método de presentación de las enseñanzas de un texto espiritual. Los lectores que estén interesados en los consejos prácticos que puede ofrecernos el *Lie Tse* en nuestra vida cotidiana deberían pasar directamente al texto y leer la introducción posteriormente.

Cuando se pide nombrar tres textos representativos del taoísmo, la mayoría de la gente menciona el *Lao Tse* (el *Tao Te Ching*), el *Chuang Tse* y el *Lie Tse*. De los tres, *Lao Tse*[2] es probablemente el más conocido y el más ampliamente leído, y para los occidentales probablemente es el libro que los introdujo al taoísmo. Quienes deseen continuar explorando la filosofía taoísta pueden aventurarse en el *Chuang Tse*, y los más curiosos seguramente se

---

[1] Todos los nombres chinos que en la grafía anglosajona empiezan o acaban por *tzu* han sido transcritos en castellano por *tse*, que se acerca más a la pronunciación china. Los lectores de habla castellana están más familiarizados con Lao Tse que con Lao-tzu o con Chuang Tse que con Chuang-tzu. *(N. del T.)*

[2] La autora se refiere indistintamente a los autores o a la obra. En este último caso, utiliza el artículo. *(N. del T.)*

preguntarán de qué trata el *Lie Tse*. Por algunas extrañas circunstancias, mi introducción a estos tres famosos textos taoístas se produjo al revés. Yo leí el *Lao Tse* después de estudiar el *Chuang Tse*, e incluso antes de haber oído hablar del taoísmo me eran conocidas las historias del *Lie Tse* por los cuentos que me habían leído en mi infancia. El que yo estuviera introducida en el *Chuang Tse* antes que en el *Lao Tse* puede atribuirse probablemente a una extraña decisión del Consejo de Educación de Hong Kong, que era la autoridad que planificaba el currículo cuando yo estudiaba el bachillerato superior. El hecho de que yo fuera introducida a las historias contenidas en el *Lie Tse*, cuando era niña, puede atribuirse a la circunstancia de que muchas de sus ideas se habían convertido en parte de la cultura china. Aunque mi familia era bilingüe, me eduqué dentro de la cultura china, y el *Lie Tse* me proporcionó, a mí y a mis condiscípulos, algunas perlas de sabiduría envueltas en fábulas y proverbios. Ya a la edad de seis o siete años conocíamos la existencia del Viejo Loco que intentaba mover las montañas, del hombre que se preocupaba porque el cielo podía caerse, y del hombre que intentaba atrapar el sol.

El hecho de que las historias del *Lie Tse* sean algo común en las lecturas para niños muestra que sus enseñanzas son simples de entender para estos, pero también son suficientemente profundas para que los adultos puedan meditar sobre ellas. Desde mi infancia he conocido muchos cuentos para niños en chino, y siempre he encontrado en ellos algunas de las historias y de las enseñanzas de *Lie Tse*. Sin embargo, todavía no he encontrado historias o enseñanzas del *Chuang Tse* o del *Lao Tse* en los libros para niños. Esto no quiere decir que estos dos textos no contengan palabras de sabiduría, sino que siempre he sentido que hay algo especial en las enseñanzas de *Lie Tse* que pueden llegar al mismo tiempo a niños y adultos.

Este «algo especial» del *Lie Tse* es lo que me atrajo al texto. Cuando lo empecé a estudiar por primera vez, lo hice de la forma tradicional en que se estudian los clásicos chinos: memoricé una sección de la obra y a continuación estudié los comentarios a dicha sección que fueron recogidos en la doctrina taoísta. Continué con este procedimiento hasta completar ocho secciones del texto original. Después de varios años, tenía una serie de buenas ideas en mi cabeza, pero no sentía que realmente hubiese entendido las enseñanzas del libro. Así que detuve el proyecto.

Un año más tarde, sentí el impulso de leer de nuevo el *Lie Tse*. En esta ocasión, en lugar de estudiarlo, simplemente lo leí. Fue en este segundo intento de comprensión cuando el texto empezó a «hablarme» y cuando yo empecé a escuchar. Al principio, su voz era vacilante, como si estuviera intentando conocerme antes de confiarme sus intenciones. Pero tras un breve periodo de tiempo, me habló con frecuencia. Al principio, yo era alguien a quien él podía hablarme. Después me convertí en alguien con quien él quería compartir sus pensamientos. Por último, nos convertimos en espíritus afines. Paseaba conmigo por las calles de la ciudad y me acompañaba cuando yo hacía montañismo. Él hablaba y yo escuchaba; yo hablaba y él escuchaba. Empecé a sentir que yo había alcanzado cierta comprensión de sus enseñanzas. Incluso hoy, tras varios años de escuchar el *Lie Tse*, todavía me habla, y pienso que continuará hablándome como consejero y amigo.

Lie Tse: La persona y el libro

Lie Tse fue una persona real que vivió en el Periodo Primaveras y Otoños de la dinastía Chou oriental (770-476 a. de C.). La mayoría de los historiadores coinciden ahora en que nació alrededor del año 400 a. de C., unos doscientos años después de Lao Tse y de Confucio. Fue ciudadano del estado feudal de Cheng y, al igual que muchas personas de su época que estaban cansadas de las luchas e intrigas políticas, nunca ocupó un puesto en el gobierno. Fue conocido por haber estudiado bajo Wen Tse, que fue un discípulo de Lao Tse, y también con varios personajes borrosos y legendarios como Hu-tse y el Viejo Shang, el Inmortal. Del resto de su vida no se sabe mucho.

Lie Tse no fue incluido en las biografías de los filósofos de los Registros Históricos (los Shi-chi) de Ssu-ma Chien, y durante mucho tiempo, estudiosos que se basaron en esta obra como fuente de información sobre la historia de la dinastía Chou, desecharon a Lie Tse como personaje imaginario. Sin embargo, su existencia está documentada en otras fuentes (como los Lu-Shih Chun-Chiu, los anales Primaveras y Otoños de Lu), y hoy día es algo comúnmente aceptado que Lie Tse fue una persona real.

El *Lie Tse* contiene temas que fueron escritos durante un periodo de seiscientos años, desde el principio de la dinastía Han hasta la dinastía Chin (entre los años 200 a. de C. y 400 d. de C.). En la recopilación original había veinte secciones, que fueron condensadas en las ocho que tenemos actualmente. Durante unos cien años después de su recopilación, el *Lie Tse* no recibió la misma atención que se le dio al *Lao Tse* y al *Chuang Tse*. La mayoría de los estudiosos creyeron que sus enseñanzas eran similares a las del *Chuang Tse* y que se podía obtener una comprensión del taoísmo durante la época de los Reinos Combatientes (475-221 a. de C.) y el periodo Han (206 a. de C. -219 d. de C.) mediante el estudio del *Chuang Tse*. Además, como el *Lie Tse* contenía más historias que exposiciones filosóficas formales, el libro fue posteriormente desechado como una obra menor. Incluso en el siglo v d. de C., después de que ya se hubieran escrito muchos libros taoístas, el *Lie Tse* seguía permaneciendo semidesconocido. De no ser por los esfuerzos de un erudito de la dinastía Chin oriental (317-420 d. de C.), que escribió y editó un comentario sobre él, esta obra habría desaparecido probablemente siendo relegada al olvido.

Cuando el taoísmo alcanzó su máximo desarrollo durante la dinastía Tang (entre los siglos VII y X), el *Lie Tse*, el *Lao Tse* y el *Chuang Tse* fueron reconocidas como las tres obras clásicas taoístas. Desde entonces, quedó establecido firmemente el lugar del *Lie Tse* entre los textos clásicos taoístas.

Esta obra es una recopilación de historias y de meditaciones filosóficas. Aunque las historias fueron creadas en el Periodo Primaveras y Otoños y durante los primeros años de los Reinos Combatientes, sus enseñanzas reflejaban el tipo de taoísmo predominante en los últimos años de los Reinos Combatientes, de las dinastías Chin (221-207 a. de C.), Han (206 a. de C.-219 d. de C.) e incluso Wei (220-265 d. de C.) y Chin (265-420 d. de C.).

Durante todo ese tiempo China se encontró en un estado de caos político y social. Ya en el año 600 a. de C., durante la dinastía Chou oriental, los gobernantes de los estados feudales se disputaban el poder, al principio sirviéndose de medios diplomáticos y encubiertos durante el Periodo Primaveras y Otoños, y posteriormente mediante la guerra declarada durante el Periodo de los Reinos Combatientes. Los fuertes sobrevivían y los débiles morían. Era la época de los «estadistas mercenarios», consejeros políticos y militares que ofrecían sus capacidades al mejor postor. La política era algo sucio. Los familiares se espiaban entre sí y los asesinatos eran algo corriente. La traición y la intriga se habían extendido entre los funcionarios del gobierno. Se podía perder sin duda la vida ejercitando el peligroso juego de la política, pero ser virtuoso y leal no garantizaba la seguridad. Bajo estas circunstancias, ¿qué podía hacer la gente? Muchos escogían practicar el juego político y aceptaban los riesgos, pero algunos, como Lie Tse, preferían permanecer al margen.

Siempre habían existido eremitas en China, incluso antes de los Estados Combatientes, pero se trataba de individuos que tenían sus propias razones para abandonar la sociedad. Fue solo en el *Lie Tse* donde se presentó como una alternativa de vida la posibilidad de ser un eremita o de retirarse. Quienes se apartaban del mundo social y político podían sobrevivir y preservar al mismo tiempo su integridad personal.

Como si las cosas no estuvieran suficientemente mal, los Reinos Combatientes desembocaron en el gobierno tiránico de la dinastía Chin (221-207 a. de C.). En un intento de aplastar la oposición, el emperador Chin ordenó ejecutar a los eruditos y quemar los libros. Los primeros años de la dinastía Han oriental (206 a. de C.-8 d. de C.) proporcionaron un breve alivio del reino del terror, pero, después de cien años de paz, volvieron a aparecer de nuevo las intrigas cortesanas, y posteriormente Wang Meng, un poderoso ministro, destituyó al débil emperador, disolvió la dinastía Han occidental y fundó su propia dinastía (9-24 d. de C.).

Durante la dinastía Han occidental los emperadores favorecieron el confucianismo, que propugnaba que una filosofía que promoviera la propiedad, la virtud y la responsabilidad crearía una estructura social estable. El hecho de que un ministro depusiera a un monarca, no solo supuso un golpe para la continuidad política de la dinastía Han, sino que también cuestionó la eficacia del confucianismo en mantener la estructura social establecida. Desilusionados con el confucianismo, gran parte de los intelectuales lo abandonaron por el taoísmo, que, al mismo tiempo que defendía el no implicarse en la política, se centraba en el desarrollo del individuo.

Aunque la dinastía Han fue restablecida cuando Wang Meng fue derrotado y muerto, la paz duró poco. En menos de cuarenta años reaparecieron las intrigas cortesanas, esta vez con mucha más fuerza que nunca, al convertirse los eunucos en poderosos actores de la política cortesana. Las facciones luchaban entre sí en los niveles superiores del gobierno para controlar a los jóvenes y débiles emperadores, y los asesinatos y la traición se convirtieron de nuevo en la forma de tratar a los rivales.

En un intento de aniquilar a los eunucos, Yuan-shao, uno de los generales, contrató la ayuda de un cacique bárbaro, pero el plan fue descubierto y el mismo Yuanshao fue ejecutado. Cuando los ejércitos bárbaros llegaron a la capital, eliminaron a los eunucos, saquearon y quemaron las campiñas y se negaron a partir. De este caos surgió Tsao-tsao, un ministro ambicioso que expulsó a los bárbaros, se nombró a sí mismo regente y tomó el control sobre el emperador. A estos hechos sucedieron cincuenta años de guerra civil entre los Tres

Reinos de Wei, Shu y Wu, que combatieron por el control del país.

Fue Tsao-tsao quien alcanzó al final la victoria. Su hijo restableció la dinastía Wei (220-265 d. de C.); sin embargo, una generación después, el clan Ssu-ma se hizo con el poder, mató a todos los que se interpusieron en su camino y creó la dinastía Chin (265-420 d. de C.).

En esos tiempos, la vida era cuando menos precaria. Durante el periodo de los Reinos Combatientes se podía sobrevivir permaneciendo al margen de la política, pero en la época posterior de las dinastías Han y Wei, permanecer fuera ya no era una opción segura. Para los miembros del clan Ssu-ma, permanecer al margen significaba que no se los apoyaba. No apoyarlos significaba oponerse a ellos, y, si alguien se oponía a ellos, tenía que ser eliminado.

Era una época en la que ser virtuoso y leal no podía salvarlo a uno, preparar estratagemas y carecer de escrúpulos le podía a uno costar la vida, y querer inhibirse de la situación podía ser mortal. Bajo estas circunstancias, ¿qué podía uno hacer? Si la propia vida estaba en peligro cada minuto, ¿para qué hacer planes para mañana? ¿Por qué no reconocer que la vida es corta, que no se tiene control del destino, y que la riqueza, la fama y la reputación social no valen el sacrificio de una sola hebra de cabello? Fueron estas condiciones sociales y políticas las que dieron lugar al surgimiento de la filosofía expuesta en el capítulo Yang-chu del *Lie Tse*.

Tal vez, las vidas de un grupo de personas conocidas como los Siete Sabios del Bosquecillo de Bambú ilustran mejor esta visión de la vida. Estos siete amigos se encontraban frecuentemente en un pequeño bosque de bambú y pasaban el tiempo cantando, tocando música, improvisando poesía y bebiendo. Su poesía y sus canciones hablaban de la naturaleza transitoria de la vida y de la vacuidad de la riqueza y de la fama. Para ellos, las convenciones y las reglas sociales establecidas por el confucianismo eran mucho peor que encarcelarse en la política. Estas normas sociales ahogaban la libertad de pensamiento, de acción y de sentimiento. La vida de Liu Ning, uno de los siete amigos, constituyó en sí misma una rebelión contra todas las convenciones sociales de su época. Permaneció al margen de la política y rehuyó la vida social. Iba desaseado, caminaba descalzo y pasaba el tiempo escribiendo poesía y bebiendo. En uno de sus poemas escribió: «Si muero al borde del camino, cavad un agujero y enterradme allí». En otra de sus canciones de ebriedad bromeaba afirmando que era mejor y más seguro pasar la vida en un estupor de embriaguez que ser consciente de lo que estaba sucediendo en el mundo. Aunque la forma alternativa de vida que defiende el *Lie Tse* no llega a estos extremos, contiene el mismo valor para reírse de las personas vacías que persiguen metas vacuas en la vida.

La filosofía del Lie Tse

¿Cuál es el propósito de la vida? Para algunos, el objetivo de la vida es ser un ciudadano útil y servir a la sociedad y al país, hacerse un nombre y contribuir a las artes y a las ciencias. Sin embargo, cuando los tiempos son opresivos y las presiones sociales y políticas amenazan con dictar los pensamientos y las acciones de la gente, los sabios se dan cuenta de que muchas de las cosas de la vida están más allá de su control. No quieren cambiar su libertad y su paz mental por la vida de ansiedad que acompaña a la riqueza y a la fama. Es esta visión de la vida la que impulsó al gran poeta chino Tu Fu a decir: «Por muy famoso que seas, algún día debes morir», y al filósofo Yang-chu a afirmar: «En la vida podemos ser diferentes, pero en la muerte todos somos iguales». De esta voz se hace eco todo el *Lie Tse*, cuando nos aconseja que el nombre, los títulos y la reputación social no son cosas por las que valga la pena sacrificar nuestra salud física y nuestro bienestar.

La mayoría de las personas piensan que los taoístas son eremitas que se apartan de los asuntos del mundo. Esto no es exacto. En la historia de China, no todos los taoístas eran personas que se retiraban. Algunos fueron activos en las instituciones políticas y sociales. Trabajaron en estrecha relación con el gobierno y recibieron el apoyo imperial. Durante la dinastía Yuan (1271-1368 d. de C.), bajo la dirección de Chiu Chang-chun, la Escuela Taoísta de la Realidad Total apoyó al emperador y sirvió al país, ya que sus miembros fueron consejeros espirituales del gobierno.

También hubo taoístas que no estaban satisfechos con el *statu quo*, y que creyeron que los cambios podían hacerse a través de reformas dentro del sistema social y político existente. Chen Hsi-chi, el gran erudito y sabio taoísta de la dinastía Sung (907-1279 d. de C.), fue uno de ellos. No tuvo ningún puesto oficial como consejero espiritual, pero sus propuestas de reforma política y social fueron adoptadas por el emperador. Su propuesta más famosa al emperador Sung fue la de conservar Hua-shan como santuario taoísta.

Además, estaban los taoístas que no aceptaban el *statu quo*, pero que no creían en la reforma. En vez de ello, intentaban sustituir el sistema establecido por medio de una rebelión o de una revolución. Ejemplo de esto fue la rebelión del Turbante Amarillo de la dinastía Han oriental, encabezada por los seguidores de Chang Tao-liang (el hombre al que se le atribuía haber convertido el taoísmo de una filosofía en una religión). Un ejemplo más reciente fue la sublevación bóxer a principios del siglo XX, en la que se implicaron los taoístas maoshan, una secta que propugnaba las prácticas mágicas.

Por último, estaban los taoístas que no apoyaban el *statu quo* ni creían que la reforma o la revolución eran opciones viables. No querían formar parte de ningún grupo, ya fuera a favor o en contra del sistema establecido. Estos fueron los eremitas o solitarios, y su forma de vida se presenta en el *Lie Tse*.

Incluso los eremitas tenían razones diferentes para escoger una vida de no implicación. Estaban aquellos que se hicieron eremitas como protesta contra el gobierno establecido, como Po-yi y Shu-chi, que preferían morir de hambre en plena naturaleza antes que servir al señor enemigo. Había personas que decidieron hacerse eremitas, porque estaban cansadas o desilusionadas del mundo, como los taoístas Lao Tse y Lu Tung-pin. Después, había gentes, como Lie Tse, que se hicieron eremitas, no a causa de la decepción o de una protesta contra el sistema establecido, sino porque tenían una inclinación natural por la soledad.

Lie Tse era un eremita por naturaleza. La escasa información que tenemos sobre él nos dice que, a diferencia de Lao Tse, nunca tuvo un puesto oficial. También que, al contrario que Lu Tung-pin, nunca aspiró a ocupar un cargo o a tener éxito en política. Su disposición natural era vivir una vida simple y tranquila apartado de los turbios asuntos del mundo.

¿Cuáles fueron entonces las enseñanzas de Lie Tse? Estas se presentan en ocho partes del libro. A continuación exponemos un resumen de las principales ideas de cada sección.

PRIMERA PARTE

Los dones del cielo: sobre la naturaleza del Tao y el origen de las cosas

Todas las cosas tienen su origen en el Tao, el vapor primordial e indiferenciado que da vida a todas las cosas. Hay cuatro etapas de la creación: la *Unidad original*, en la que todas las cosas están indiferenciadas unas de otras; el *Nacimiento original*, en el que el Vapor primordial ha tomado forma y todo se halla contenido en su abrazo; el *Comienzo primordial*, en el que las energías yin y yang interactúan para producir las formas y los contornos de las cosas, y la *Sustancia primordial*, en la que las formas asumen cualidades y características definidas.

La humanidad es un producto de la integración de las energías yin y yang y, como todas las cosas vivas, atravesamos el ciclo del nacimiento, el crecimiento y la muerte. Así pues, nacimiento y muerte son acontecimientos naturales contra los que no se debe luchar. Por deber nuestra existencia al Tao, no poseemos nuestros cuerpos, ni tenemos ningún control sobre nuestro destino. Todas las cosas van y vienen de forma natural. Lo que deba llegar, llegará sin nuestra ayuda, y lo que deba partir, partirá por mucho que intentemos impedirlo. Esta es la Vía del Tao. Solo aquellos que la entienden pueden liberarse de la ansiedad del nacimiento, el crecimiento y la muerte.

SEGUNDA PARTE

El Emperador Amarillo: sobre la naturaleza del plegarse

En la segunda parte, Lie Tse habla del arte de plegarse. La rama rígida de un árbol se partirá ante un viento fuerte, pero la blanda, doblándose, sobrevivirá a la tormenta. Saber cómo reaccionar a la fuerza cediendo, y cómo absorberla con suavidad es la clave de la supervivencia.

En la época de Lie Tse los pequeños países solo podían sobrevivir no oponiendo la fuerza a la fuerza, y una persona solo podía seguir viva no chocando contra poderes más fuertes. Como había enseñado Lao Tse: «De todas las cosas, nada es más blando que el agua; sin embargo, puede arrastrar rocas corriente abajo». Esto es también lo que aconseja Lie Tse. Mientras que el agua puede fluir a través de pequeñas hendiduras en las rocas, las ramas y los troncos de los árboles son partidos o detenidos por grandes cantos rodados.

El plegarse es también el secreto para trascender los límites del cuerpo y de la mente. Solo quienes no luchan contra los elementos pueden fundirse con ellos; al hacerlo, pueden permanecer bajo el agua sin ahogarse y atravesar el fuego sin quemarse.

Por último, plegarse ante los acontecimientos naturales de la vida y de la muerte, de la ganancia y de la pérdida, nos prepara para cualquier cosa que pueda suceder. No saltaremos de alegría por las ganancias ni nos entristeceremos por las pérdidas. Imperturbables ante el miedo, la ansiedad o el entusiasmo, seremos libres de decir lo que naturalmente nos venga a la boca, y de pensar lo que de forma natural nos venga a la mente, haciendo lo que espontáneamente nos salga del corazón.

TERCERA PARTE

El rey Mu de Chou: sobre la naturaleza de la realidad

En esta sección, Lie Tse cuestiona el punto de vista convencional de la realidad y pregunta: «¿Qué es real?». En esta pregunta se hace eco del cuestionamiento de Chuang Tse: «¿Estoy soñando que soy una mariposa, o soy una mariposa soñando que soy un ser humano?».

Para Lie Tse, la realidad no es tan permanente como la pensamos. Son borrosas las fronteras entre lo real y lo irreal, la vigilia y el sueño. Por ello, ¿por qué atribuir tanta importancia a cosas impermanentes como la fama o la fortuna? ¿Por qué esforzarnos a extremos innecesarios y sufrir la ansiedad y la infelicidad en nombre de la virtud y del honor? Además, adoptar un enfoque festivo sobre lo que es real y lo que no es real puede ayudarnos a estar menos apegados y a implicarnos menos. Como consecuencia, lo mismo que el hombre que añoraba su hogar y que se dio cuenta de que era infeliz por nada, podemos entender que lo que sentimos depende de lo que creemos.

CUARTA PARTE

Confucio: sobre la naturaleza de la iluminación

Según Lie Tse, la diferencia entre una persona iluminada y una persona no iluminada se halla en la relación entre la mente y el cuerpo y el yo y el otro. El sabio Kang-sen-tse podía ver sin ojos y oír sin oídos, porque su mente estaba en armonía con todo lo que lo rodeaba. A veces, las personas iluminadas ocultan sus capacidades, como el Conde de Kung-yi. A veces, como Nan-kuo-tse y Kung-sun Lung, se comportan al contrario, presentando argumentos extraños y hablando en paradojas para despertar a los demás de la ignorancia. Pero, en cualquier caso, el sabio nunca critica ni se burla de los demás. Y sobre todo, para la persona iluminada, la iluminación es una experiencia común y ordinaria alcanzable por todos.

QUINTA PARTE

Las preguntas de Tang: sobre la naturaleza de la actitud

En esta sección, Lie Tse habla sobre la actitud y cómo nos afecta. Existen actitudes que nos destruyen, como el orgullo, la competitividad y la venganza. Hay actitudes que nos liberan de la ansiedad y del estrés, como el desapego, la calma y la paz interior.

El considerar que algo es ofensivo o no depende de la actitud.

La comprensión y la comunicación también dependen de la actitud. Si escuchamos con una mente serena y no dejamos que nuestras ideas nos distraigan, entenderemos a los demás incluso antes de que hablen. Las personas que insisten en clarificar deliberadamente la semántica destruirán esta actitud y limitarán la comunicación al lenguaje y a las palabras, no siendo en ese caso posible ninguna comprensión espontánea o intuitiva.

El aprendizaje también requiere la actitud correcta. Ya estemos aprendiendo artes o ciencias, o intentando adquirir el dominio de una capacidad física o mental, tenemos que disolver la barrera entre nosotros y lo que estamos aprendiendo. La práctica exige la capacidad de transformar la intención en acción, lo cual, a su vez, exige que el cuerpo sea espontáneo y tenga una actitud de respuesta, y que la mente sea clara y esté en calma. Por ello, en todo aprendizaje, el entrenamiento del cuerpo y de la mente es igualmente importante. Si la mente está en calma pero el cuerpo no tiene una actitud de respuesta, no puede comunicarse a este ninguna intención. Si el cuerpo tiene una actitud de respuesta y la mente está confusa, las acciones resultarán confusas.

Por último, enseñar exige también cierta actitud. Un verdadero maestro es alguien que reconoce sus limitaciones. ¿Cuántos maestros o expertos hoy día pueden ser como Confucio, que era capaz de admitir ante los niños que no conocía las respuestas a sus preguntas?

SEXTA PARTE

Esfuerzo y destino: sobre la naturaleza de los acontecimientos

Según Lie Tse, la fortuna y la desgracia, así como la vida y la muerte, vienen por sí solas sin ninguna dirección ni control de nuestra parte o del ser supremo. Siendo esto así, ¿por qué preocuparse de las cosas sobre las que no podemos hacer nada? ¿Por qué intentar predecir lo que puede suceder y anticiparnos con ansiedad?

Lie Tse no sugiere que seamos pesimistas y abracemos el destino. Él piensa que nos trataríamos mejor si no nos matásemos intentando hacer que sucedan las cosas o intentando impedirlas. Con mucha frecuencia, nos sentimos seguros cuando pensamos que hemos contemplado una situación desde todos los ángulos o sentimos que hemos previsto todas las contingencias posibles. Pero esta sensación de seguridad es falsa, porque nadie puede garantizar lo que puede suceder y lo que no.

El emperador de Chin construyó la Gran Muralla y silenció a la oposición en un intento de hacer que su imperio durara para siempre, pero su dinastía sucumbió tras su muerte. Podemos intentar tomar precauciones y asegurar las cosas para nuestros sucesores o para nuestros hijos, pero no está garantizado que las cosas seguirán el curso que queremos.

Por último, Lie Tse nos aconseja que, puesto que no tenemos control sobre las circunstancias externas, lo único que podemos hacer es controlar nuestras reacciones ante ellas. Por ello, cuanto menos apegados estemos a los acontecimientos que nos rodeen, menos arrastrados seremos por la emoción. Para Lie Tse, aceptar el destino no significa someterse a la fatalidad. Significa reconocer que muchas cosas están más allá de nuestro control y que no somos los creadores de los acontecimientos. El mundo no gira a nuestro alrededor. Al igual que todo lo demás, solo somos una parte del desarrollo de los acontecimientos.

SÉPTIMA PARTE

Yang-chu: sobre la libertad personal

El mensaje de la séptima parte es muy simple y directo. La vida es corta y transitoria, la fama y el renombre son fenómenos vacíos, y las normas y convenciones sociales ahogan la libertad personal.

El capítulo Yang-chu se considera frecuentemente como una anomalía en el *Lie Tse*. Sin embargo, cuando examinamos de cerca las enseñanzas de Yang-chu, nos damos cuenta de que estas amplían las ideas taoístas de la no-acción y de la simplicidad extendiéndolas a la cuestión de la libertad personal. Yang-chu está contra todas las restricciones a la libertad personal. Para él, leyes, reglas, normas y logros sociales, como la fama, el respeto, el renombre y la reputación, son obstáculos para la libertad de pensamiento, acción, expresión y sentimiento. Su enfoque de la vida es muy franco y simple: vive tu vida y no dejes que los demás te la manejen. Vive de acuerdo con tus principios y no con los principios de cualquier otra persona.

Sin embargo, la filosofía de Yang-chu no es el hedonismo irresponsable que muchas personas hacen de ella. Yang-chu nos aconseja hacer solo lo suficiente para vivir una vida satisfactoria. Saber cuándo detenerse, para no perderlo todo.

Por último, Yang-chu tiene algunas ideas muy agudas sobre la forma de hacer el mundo mejor o de «salvar al mundo». Piensa que si la gente no estuviera tan ansiosa de jugar al héroe o al salvador y dejara que las cosas fueran solas, el mundo iría mejor. Algunas personas piensan que esta clase de no implicación es egoísta y poco compasiva. Sin embargo, muchas atrocidades se han cometido en nombre de «mejorar las cosas». Si preguntamos: «Quién está haciendo mejor las cosas para quién», y «En función de qué», empezaremos a entender el punto de vista de Yang-chu. Las culturas nativas han sido destruidas, porque algunas personas pensaron que las cosas irían mejor para los pueblos indígenas si se «civilizaban». Los genocidios se han cometido porque alguien pensó que el mundo sería un lugar mejor si determinados grupos étnicos eran exterminados. Cuando examinamos las muchas cosas que han sucedido en nombre de mejorar el mundo, la afirmación de Yang-chu de que él no sacrificaría ni una hebra de su cabello en beneficio del mundo no es probablemente la actitud egoísta y poco compasiva que se ha querido hacer de ella.

OCTAVA PARTE

Explicación de las coincidencias: sobre la relación de las cosas

El que consideremos los acontecimientos como causa y efecto, respuesta a una situación, recompensa o retribución, una mera coincidencia o un accidente, depende de cómo interpretemos las relaciones entre las cosas y los acontecimientos.

Existen sucesos que no pueden ser explicados, y entonces los atribuimos a la suerte, o a estar en el lugar adecuado en el momento oportuno. Mientras muchas personas no consideran que la suerte es un factor serio, Lie Tse piensa lo contrario. Si estamos dispuestos a admitir que la suerte desempeña un papel en nuestra vida, seremos menos pretenciosos respecto al éxito y nos deprimiremos menos en los casos de infortunio. Igualmente, al aceptar simplemente que algunas cosas no pueden ser explicadas, será más probable que las dejemos seguir su propio curso y que no intentemos hacerlas suceder o impedir que sucedan.

Escuchar el Lie Tse*: el método hermenéutico*

En este libro he intentado un enfoque diferente en la presentación de un texto taoísta. En lugar de hacer una traducción directa de la semántica del texto, he decidido presentar la «voz» de Lie Tse. Mientras se leen los libros, se supone que hay que escuchar también sus voces.

Al leer el texto, seguimos linealmente una dirección de pensamiento, lo analizamos e imponemos nuestro significado sobre él. Con frecuencia, estamos tan ocupados hablándonos a nosotros mismos que nuestros propios pensamientos ahogan la voz del texto. No obstante, si escuchamos, nuestra mente se volverá silenciosa y receptiva, y el texto podrá revelar significados que habríamos perdido si hubiéramos intentado leerlo analíticamente. Escuchar un texto es especialmente apropiado si estamos buscando consejos prácticos sobre cómo vivir. Nos permite abordar un texto con una disposición de aprendizaje.

Escuchar es el primer paso hacia el diálogo con el texto. El diálogo nos hace participantes activos en el desarrollo del sentido de sus enseñanzas. Cuando escuchamos, él habla; cuando le hablamos, él escucha y después nos habla de nuevo. Esta relación dialéctica continúa y el texto se convierte en un amigo y en un consejero. Personalmente, sentí que las enseñanzas del *Lie Tse* solo cobraron un sentido pleno para mí después de haber entrado en esta relación con el texto.

Los textos taoístas contienen una filosofía que está hecha para ser vivida. Cuando leemos los libros taoístas, tenemos la esperanza de que sus enseñanzas nos despierten, nos iluminen y nos guíen en nuestra vida. Más que cualquier otro texto, el *Lie Tse* presenta una filosofía de vida práctica cuyo mensaje se entiende mejor si escuchamos al texto en lugar de leerlo.

Este libro es un intento de permitir que Lie Tse nos hable como si estuviera aquí. Espera comunicar la intención del texto, permitiendo que hable por sí mismo. Este método de presentar un texto se llama «abrir» un texto, y no es en absoluto nuevo. Forma parte de la disciplina de la hermenéutica, una técnica que ha sido utilizada originalmente en la interpretación del sentido de textos religiosos.

Las principales ideas de la hermenéutica son las siguientes:

1. Un texto tiene muchos niveles de significado. El significado transmitido por la semántica del texto es el sentido superficial.
2. Un nivel más profundo de significado se expresa en *cómo* se expresan las palabras, y no solamente en *qué* se dice en el texto.
3. Niveles incluso más profundos de significado se hallan en la «intención» de un texto, que es su «voz».
4. Los niveles más profundos de significado pueden captarse escuchando.
5. Los textos religiosos y espirituales tienden a tener muchos niveles de significado. La finalidad de la hermenéutica es «abrir» el texto de forma que dichos niveles puedan revelarse.

Yo me encontré con el método hermenéutico antes de graduarme. Estaba estudiando a Heidegger, y mi profesor de filosofía en aquella época, Walter Wright, me animó a investigar en la hermenéutica como método para comprender la filosofía de Heidegger. Fue entonces cuando descubrí la gran diferencia que había entre escuchar un texto y solo limitarse a leerlo. Mi interés en la hermenéutica continuó a lo largo de mis años de licenciatura y asistí a seminarios de Hans-George Gadamer y Paul Ricoeur, dos de los más grandes teóricos contemporáneos de la hermenéutica. Sin embargo, no se me ocurrió aplicar una técnica desarrollada en la filosofía y en la teología occidental a textos filosóficos chinos. Tal vez, mi mente estaba entonces demasiado activa, y los textos taoístas no me hablaban como ahora. A medida que mi formación taoísta continúa dándome más tranquilidad y paz internas, soy capaz de escuchar la voz de un texto con más claridad.

Lie Tse es el primer texto taoísta que me ha hablado. Puesto que es un texto chino y el chino es una de mis primeras lenguas, mi diálogo con él fue en chino. «Abrir» un texto y presentarlo en su lengua original es algo relativamente directo. No es necesario tratar con la semántica de dos lenguajes. Abrir y presentar un texto en una lengua distinta a la original es mucho más interesante. Un enfoque posible sería traducirlo primero de una forma convencional y después abrir el texto traducido escuchando su intención o voz. Mis amigos que trabajan con textos griegos y hebreos me aconsejaron utilizar este método. Sin embargo, cuando lo intenté, no me pareció natural, así que decidí experimentar un enfoque diferente.

Para mí, la sabiduría es intemporal y trasciende el lenguaje. Al mismo tiempo, el lenguaje puede ser utilizado para abrir el sentido de un texto. ¿Y si pudiera liberarme de las restricciones lingüísticas, eliminar el proceso de traducir de una lengua a otra e ir directamente de las enseñanzas del *Lie Tse* a su propia voz en inglés? Esto exigiría estar en el estado de mente en el que Lie Tse debe haber estado, o al menos ser un espíritu afín al de Lie Tse. Puesto que había escuchado el texto por primera vez, este enfoque parecía prometedor.

Con el tiempo, cuando desarrollé una familiaridad con Lie Tse, empecé a sentir que se trataba de pensar de la misma forma que él pensaba. Sus enseñanzas ya no estaban vinculadas a una lengua. Algunas veces hablaría en chino, otras veces en inglés, y a veces en ninguna lengua concreta.

Mi próxima tarea consistió en encontrar una voz para él en lengua inglesa. ¿Cómo habría hablado Lie Tse si hubiera vivido en un país de habla inglesa en nuestra época? La voz sería natural, como si estuviera hablando en un idioma original y no en un idioma traducido. En este aspecto, soy afortunada, porque al ser bilingüe con dos lenguas maternas (inglés y chino), estoy acostumbrada a cambiar de una lengua a otra cuando pienso. A veces, olvido incluso en qué lenguaje estaba pensando. Para proporcionar a Lie Tse una voz en inglés solo tenía que convertirme en un canal y dejar que el *Lie Tse* saliera de forma natural en inglés, una vez sumergida plenamente en sus enseñanzas. Cuanto más vacía estuviera mi mente, más clara sería la voz del texto. Así, abrir un texto y revelar su sentido exige un silencio mental, que es totalmente lo opuesto del estado de mente analítico que exige el trabajo de traducción.

La voz del Lie Tse

¿En qué consiste, pues, la voz del *Lie Tse*? Para mí, es una voz amiga, una voz informal, y no la voz de un sabio o maestro que lo sabe todo. Es la voz de alguien que da consejo, pero no por ser un experto, sino porque ha cometido equivocaciones y ha aprendido de ellas. Proviene de una persona que nos permite escuchar. Habla, se calla y, cuando respondemos, habla de nuevo.

Yo no tengo el mismo sentimiento cuando leo el *Lao Tse*. Lao Tse habla como un sabio que presenta sus ideas de una forma organizada. Puedo casi imaginarlo dando una conferencia desde un podio. Además, cuando esta se acaba, no hay un periodo de preguntas y respuestas. Nos corresponde a nosotros entenderlo.

El *Chuang Tse* produce un sentimiento diferente. Chuang Tse es un excéntrico que se ríe de sí mismo y no se preocupa de ser entendido. Chuang Tse vive en un mundo diferente al nuestro, completamente apartado de los asuntos cotidianos. Vive en un mundo en el que las cosas van y vienen, suceden durante unos momentos fugaces, y la base de la realidad está siempre cambiando. Podemos obtener un vislumbre de Chuang Tse de vez en cuando, pero sería imposible permanecer a su lado y hablarle.

El *Lie Tse* es diferente. Lie Tse vive en nuestro mundo. Habla de experiencias que nosotros podemos entender. Habla sobre la vida y la muerte, la fortuna y la desgracia, la pérdida y la ganancia, cosas que nos interesan y problemas que queremos resolver en nuestra vida. Habla de la loca carrera en pos de la riqueza y la fama y de los riesgos de perseguir el reconocimiento social. Desprecia la presión social y los objetivos vacíos de los ricos y de los famosos. Habla de la amistad, la comunicación humana, los sueños, la realidad y el aprendizaje. Habla de cosas de las que nosotros no nos atrevemos a hablar, pero cuando lo escuchamos, podemos sonreír, reír o asentir. El despertar de la ignorancia no es brusco, sino delicado. Es como si alguien nos sacudiera con suavidad y nos despertara de un sueño profundo. Así pues, mientras que Lao Tse nos da charlas y Chuang Tse se habla a sí mismo, Lie Tse nos habla a nosotros.

Lie Tse aborda el tipo de preguntas que nosotros nos planteamos habitualmente: ¿Qué es la vida y la muerte? ¿Por qué les van bien las cosas a unas personas y a otras no? ¿Cómo podemos afrontar el estrés y la ansiedad de nuestra vida cotidiana? ¿Cómo podemos aprender con más eficacia? ¿En qué consiste la felicidad en esta vida? ¿Por qué existen tantos problemas en nuestro mundo? ¿Valen la pena los bienes materiales y los logros sociales? Él nos guía en una dirección en la que podemos encontrar las respuestas. Solo cuando hemos encontrado nuestras respuestas a estas preguntas cobra sentido para nosotros pensar sobre la naturaleza del yin y del yang, reflexionar sobre cómo estas energías interactúan en el universo y en nuestro cuerpo, sobre cómo la energía circula en el cuerpo y qué significa fundirse con el Tao. En otras palabras, el *Lie Tse* nos ayuda a poner los cimientos necesarios para acceder a los niveles superiores del entrenamiento taoísta.

El Lao Tse y el *Chuang Tse* tratan del estado de iluminación. Describen qué significa fundirse con el Tao y llenarse con el hálito indiferenciado del origen. No se nos dice cómo alcanzaron la iluminación estos sabios o qué es lo que tuvieron que trascender. Por otra parte, el *Lie Tse* nos muestra las luchas de una persona que intenta iluminarse. Vemos a Lie Tse vacilar en sus intentos; lo vemos reírse de sí mismo. Podemos observar el entrenamiento que tuvo que practicar y los obstáculos que tuvo que superar. Se nos muestra cómo es recorrer el camino de la iluminación en lugar de describirnos esta una vez que se ha conseguido.

Mientras que Lao Tse y Chuang Tse ya no se preocupan del mundo porque lo han trascendido, Lie Tse tiene que afrontar problemas muy concretos, el mismo tipo de problemas a los que nos enfrentaríamos si emprendiéramos una vía espiritual. Él tiene que enfrentarse a las presiones sociales, a los problemas económicos, a la política de su época y a su propia duda y egocentrismo. Lao Tse y Chuang Tse no nos cuentan los problemas que tuvieron a lo largo del camino de la iluminación. Cuando los encontramos, son ya personas iluminadas y nos hablan de cómo es la vida una vez que se ha alcanzado la iluminación. Por el contrario, Lie Tse nos habla del proceso de alcanzarla.

El conocimiento del estado final de la formación espiritual es sin duda importante, pero es invalorable el conocimiento de las etapas del proceso. Además, como los problemas que afrontó Lie Tse son problemas que nos afectan a todos, su iluminación se nos hace más real y creíble.

El *Lao Tse* describe un estado de realidad experimentado por un sabio; el *Chuang Tse* describe un estado de mente en el que se halla un sabio; pero el *Lie Tse* describe cómo vive la persona iluminada. ¿Cuántos sabios taoístas están dispuestos a revelar las experiencias de su vida personal como ejemplo para los demás? Lie Tse no tiene miedo de contarnos que pasó mucho tiempo aprendiendo del inmortal Anciano Shang. No tiene miedo de admitir que era estúpido pensando que había dominado el arte del tiro con arco cuando no era así. Incluso cuando ya era un maestro, admitía que disfrutaba de la atención y de los halagos. Su esposa no temía regañarle y él no se frustraba por el enfado de ella. Todas estas cosas nos dicen que Lie Tse era una persona muy accesible. No es necesario tomar una cita para verlo, y no tenemos que temer contarle nuestros problemas o admitir nuestra estupidez. Siempre he sentido que Lie Tse es una persona humilde que no quiere dejar una gran huella en el mundo. ¿Cuántos sabios, después de iluminarse, pueden volver a su hogar, ayudar en las tareas domésticas y cocinar, sin querer ser atendidos por sus estudiantes y admiradores?

Muchas personas no toman en serio las historias del *Lie Tse* y se apresuran a escribir que se trata de cuentos de hadas. Pero es precisamente porque algunas historias están tan alejadas de nuestra realidad cotidiana por lo que pueden hablar de cosas que de otra forma encontraríamos difíciles de aceptar. Si el *Lao Tse* es poesía y el *Chuang Tse* es prosa, el *Lie Tse* sería una especie de tira cómica. Exagerando los aspectos ridículos de las acciones humanas, describe la condición humana como algo divertido y se burla de los tabúes sociales. Cuando nos reímos del humor de las tiras cómicas, esencialmente nos estamos riendo de nosotros mismos. Así pues, mientras que el *Lao Tse* es la voz de la sabiduría seria y el *Chuang Tse* es la voz de la loca sabiduría, el *Lie Tse* es la voz de la sabiduría humorística.

La filosofía del *Lao Tse* nos viene de arriba; podemos admirarla y tener la esperanza de seguirla, pero es difícil de alcanzar. La filosofía del *Chuang Tse* proviene de un mundo muy diferente al nuestro; podemos intentar atraparla, pero es muy elusiva. La filosofía del *Lie Tse* proviene del lugar en el que nos hallamos. Nos habla a nuestro nivel y nos cuenta experiencias con las que nos podemos relacionar y entender.

Por último, el *Lie Tse* es una voz que podemos oír allí donde estemos y con el estado de espíritu con el que nos encontremos. Algunos textos se manifiestan solo en aulas. Otros se presentan mejor en un retiro en la montaña. Algunos textos nos hablan cuando nos sentimos abatidos y otros cuando estamos en calma y en paz. A mí me parece que, con independencia del estado de espíritu en el que me encuentre, el *Lie Tse* siempre tiene algo que decir. Podemos oírlo hablar en calles de mucho tráfico en horas punta; podemos oírlo cuando estamos trabajando silenciosamente en el jardín, o dando un paseo vespertino, o incluso en medio de una fiesta salvaje. Lao Tse me sobrecoge, Chuang Tse me desconcierta, pero nunca tengo miedo de Lie Tse.

Sobre la organización de este libro

Al «abrir» un texto, la intención de las enseñanzas es lo más importante. El *Lie Tse* ya está organizado en ocho partes, cada una de las cuales trata de un tema, pero pienso que cada sección puede subdividirse de forma natural en unidades independientes. Yo le he dado un título a cada unidad, de forma que al lector le sea más fácil releer las secciones y reflexionar sobre ellas de forma selectiva. Me ha parecido que este tipo de organización es extremadamente útil cuando quiero escuchar partes seleccionadas del texto. Cuando usted haya leído el libro entero una vez, tendrá un sentimiento diferente para cada sección y cada unidad, y sabrá dónde encontrar el pasaje apropiado para sus necesidades. Yo llevo siempre conmigo un ejemplar del *Lie Tse* y este me ha enseñado y aconsejado en los momentos más inesperados. Tal vez quiera llevar un ejemplar en su bolso o en su cartera.

Léalo cuando viaje en un tren de cercanías, léalo en su tienda de campaña a la espera de una tormenta de montaña. Léalo mientras está esperando su avión. Léalo frente a la chimenea en su casa o durante un descanso en el trabajo. Lie Tse habla mejor cuando se convierte en un compañero.

Como esta no es una simple traducción del *Lie Tse*, he elaborado algunas partes y he juntado otras. Además, he omitido algunos nombres chinos, especialmente aquellos que son difíciles de pronunciar. De esta forma, espero que la continuidad de la escucha del texto no sea interrumpida. Si Lie Tse tuviera que hablar a un público occidental, no habría utilizado oscuras referencias a acontecimientos de la historia china ni hubiera dado a sus personajes nombres chinos difíciles de pronunciar. Sin embargo, he conservado los nombres que he creído indispensables para mantener la estructura de las historias. El *Lie Tse* es un texto que nos enseña cómo vivir. Si el lector se queda atascado con nombres y lugares que son familiares solo para las personas que viven en una cierta cultura y en una cierta época, estos ya no cumplen su propósito.

Muchas personas han comentado que les gustó la forma en que presenté las enseñanzas taoístas en mi libro *Seven Taoist Masters* (Siete Maestros Taoístas); el único problema consistió en que eran distraídos por demasiados nombres chinos propios que eran difíciles de pronunciar y de recordar. Como *Seven Taoist Masters* era una traducción, me sentí obligada a hacerla lo más apegada posible al texto original chino, sacrificando probablemente así parte de su efectividad como guía espiritual. Agradezco a mis lectores por su *feedback*, que me ha sido muy válido; desde entonces, he pensado en las formas de presentar las enseñanzas taoístas para que sean más accesibles a los lectores no chinos. Creo que el *Lie Tse* me ha proporcionado una excelente oportunidad para abrir las enseñanzas del taoísmo, no en forma de traducción, sino dejando que el texto hable por sí mismo.

He disfrutado mucho y ha sido muy gratificante este proyecto de abrir el *Lie Tse*. Tengo que admitir que me llevó más tiempo y fue más difícil que hacer una traducción, pero siento que la experiencia valió la pena. Espero que la disfrute y participe conmigo en la maravillosa experiencia de escuchar a uno de los más grandes maestros taoístas.

PRIMERA PARTE

LOS DONES DEL CIELO

Introducción

Los antiguos decían que el gigante Pan-ku creó el mundo cuando separó el cielo y la tierra con una gran hacha. Las montañas y los mares cayeron en sus respectivos lugares; las hierbas y los árboles germinaron del suelo, y los animales empezaron a vagar sobre la tierra. Entonces, la diosa Nu tomó polvo amarillo, lo mezcló con agua de manantiales y formó una pequeña figura. Cuando la puso en el suelo, esta minúscula cosa saltó, corrió e hizo extraños ruidos con la boca. Su nombre es «humanidad».

Los antiguos chinos veían la vida como un don del cielo y reconocían que estamos hechos de la misma materia que las montañas, la tierra, las plantas y los animales. Lie Tse, que entendió esto, dijo: «Tu cuerpo no te pertenece; su forma te fue prestada por el cielo y la tierra. Tu vida no te pertenece; nació a la existencia con la interacción de las energías del cielo y de la tierra; tu mente y tu espíritu no son tuyos para que los controles; siguen el proceder natural del cielo y de la tierra. Tus hijos y tus nietos no son para que los poseas; no son sino escamas de tu piel, ya que la procreación te fue otorgada por el cielo y la tierra».

Puesto que la vida es un fenómeno natural, es mejor dejarla estar. No es necesario gastar tiempo y esfuerzo intentando moldearla o sujetarla con leyes y normas. Por el contrario, debemos utilizar nuestro tiempo para cultivarnos de forma que podamos «errar sin saber dónde vamos, asentarnos sin motivo alguno y comer sin saber cómo somos alimentados». A esto se llama «olvidarse de sí mismo», y realizar este estado de mente es alcanzar el Tao.

1
Lo que no ha nacido es el origen de todas las cosas

Lie Tse era una persona humilde y sincera. Sus pensamientos y sus acciones nos dicen que era «extraordinariamente ordinario». Era modesto y nunca exhibía su conocimiento. Vivía una vida simple y tranquila y no competía con los demás en pos del reconocimiento. Por ello, aunque había vivido en el reino de Cheng durante cuarenta años, las personas que tenían posiciones de poder lo veían solo como un ciudadano ordinario. A lo largo de su vida, Lie Tse nunca se dio a conocer.

Sin las cargas ni problemas que van unidos a la fama y a la fortuna. Lie Tse pudo vivir con calma, ser libre de hacer lo que le gustaba e ir a donde quería. Para Lie Tse, ser un ciudadano desconocido era mejor que ser una persona de poder y responsabilidad. En una época en la que los políticos se dedicaban a las intrigas, Lie Tse pensaba que era mejor permanecer en silencio y ser fiel a sí mismo.

Por supuesto, hay ciertas cosas que incluso un sabio sensato no puede evadir. Pero, no estando atado a la costumbre ni a la convención social, Lie Tse era capaz de afrontar la adversidad mucho mejor que nadie. Un año se desencadenó una hambruna en el reino de Cheng, y

Lie Tse decidió trasladarse al reino de Wei, para ver si podía ganarse la vida allí. Además, pensó que esto le daría la oportunidad de viajar a un país desconocido y ampliar su aprendizaje. Mientras que Lie Tse estaba preparándose para partir, acudió a él un grupo de discípulos. Estaban preocupados de que su maestro los dejase por mucho tiempo. Sabían que Lie Tse no seguiría ninguna rutina y, si así le apetecía, podría errar durante meses o años antes de regresar. Por ello, querían que su maestro les transmitiese algunas palabras de sabiduría antes de partir.

Lie Tse no era una persona dada a la charla superficial. Después de que sus discípulos le rogaran insistentemente que les dedicase medio día, pronunció finalmente las siguientes palabras: «Pensad sobre esto. El viejo cielo nunca dice nada, pero podemos ver que todo tiene su lugar en el universo. La naturaleza tiene mucho que enseñarnos. Todo lo que tenéis que hacer es abrir los ojos y mirar. Los cambios que veis en la naturaleza siguen un curso determinado. Las cuatro estaciones se manifiestan de una forma regular. En verdad, todos los asuntos humanos siguen los mismos principios que las obras del cielo y de la tierra. ¿Qué más podría decir?».

Sus discípulos no quedaron satisfechos y continuaron acosándolo con preguntas. Uno de ellos le preguntó: «Maestro, aunque pienses que no tienes nada que decirnos, al menos podrías contarnos qué es lo que te enseñó tu maestro Hu-tse». Lie Tse permaneció silencioso unos instantes, y después dijo sonriendo: «En realidad, mi maestro Hu-tse no dijo mucho. Nos aconsejó que dejáramos que todas las cosas siguieran su curso natural. Sin embargo, he recordado algunas cosas que mencionó a mis compañeros. Las compartiré ahora con vosotros».

He aquí lo que el maestro Hu-tse enseñó:

Existen muchas cosas en el universo que no entendemos. Por ejemplo, algunas plantas y algunos animales necesitan ayuda de los demás para crecer y sobrevivir, mientras que otros no la necesitan. Los seres humanos necesitan de las plantas y de los animales para su alimentación. Nosotros necesitamos que una parte de la comunidad cultive el campo y cuide el ganado para mantenernos al resto. Por otra parte, los cactus pueden crecer en las condiciones más adversas y no necesitan demasiadas cosas para sobrevivir. En general, a quienes no dependen del entorno externo les será más fácil sobrevivir que aquellos que dependen. No morirán cuando el entorno que los sustenta desaparece.

Sin embargo, no debemos mirar por encima del hombro a quienes dependen de los demás para sobrevivir. Debemos dejarlos continuar su camino natural, ya que su forma de vida ocupa su lugar en el mantenimiento del equilibrio del universo. Si intentáramos cambiar su forma de vida, desestabilizaríamos el equilibrio de las cosas y el orden del universo quedaría perturbado.

Todas las cosas tienen su lugar en el universo, tanto si son activas como pasivas, si se mueven como si no. Cumplen su función en el mundo simplemente siendo lo que son. Todas las cosas desempeñan su función en el proceso de crear, nutrir, transformar y destruir. La creación de una cosa supone la destrucción de otra, y la destrucción de una cosa supone la creación de otra. Es de esta forma como prosigue la vida del universo. En todo momento existe nacimiento y muerte, llegada y partida. Este proceso nunca se detiene.

El Libro del Emperador Amarillo dice: «El Espíritu del Valle que no muere es lo Femenino Misterioso. Constituye el fundamento del cielo y de la tierra. Continúa eternamente y no puede ser desgastado». Como el valle es profundo, puede contener al espíritu, puede abrazarlo y nutrirlo. Como el valle está vacío, no está sujeto al nacimiento y a la muerte. Trascender el nacimiento y la muerte es entrar en lo Ilimitado (*Wu-chi*) y ser uno con el origen del cielo y de la tierra.

La Puerta de lo Femenino Misterioso se halla donde todas las cosas son creadas. Sin embargo, se dice que el cielo y la tierra han nacido de lo no nacido. Esto es lo que se quiere decir cuando se afirma que «lo que no ha nacido es el origen de todas las cosas», puesto que lo Femenino Misterioso es lo que no ha nacido. Su origen pertenece al reino de la no diferenciación, en el que no hay nacimiento ni muerte. Como nunca ha nacido, nunca muere. Como nunca muere, su energía perdura eternamente. Está en el cielo y en la tierra, pero el cielo y la tierra no lo conoce. Está en todas las cosas, pero estas no lo reconocen.

Si entendemos que el nacimiento y la muerte forman parte del orden natural de las cosas, sabremos que nuestra vida no puede ser controlada por nuestros propios esfuerzos y que el llegar y el partir no son obra nuestra. Al nacer, tomamos una configuración y una forma; al crecer, experimentamos el desarrollo y el cambio; y cuando el curso de nuestra vida se ha agotado, nos disolvemos y volvemos a donde estábamos antes de nacer.

Si conocemos el orden de las cosas, entenderemos que cuando la inteligencia y la sabiduría han alcanzado su cenit, empiezan a marchitarse y a decaer. El auge y el desbordamiento de las formas, los colores, los pensamientos y los sentimientos no están sujetos a control. Como no sabemos cómo llegan y adónde van, solo podemos decir que todo lo que ha nacido procede de lo no nacido.

2
Todas las cosas están conectadas y tienen el mismo origen

Lie Tse se dio cuenta de que sus estudiantes no habían comprendido nada de lo que había dicho y continuó:

«Los antiguos sabios se servían del yin y del yang para hablar sobre la naturaleza de las cosas. Describían los cambios del cielo y de la tierra como una interacción del yin y del yang. Afirmaban que lo Innombrado da a luz a lo Nombrado y que el origen del cielo y de la tierra se halla en el reino nebuloso e insondable en el que todas las cosas están indiferenciadas entre sí.

»¿Cómo surgen las cosas a partir de este reino insondable e indiferenciado? Estas atraviesan cuatro etapas: la Unidad Original, el Emerger Original, el Comienzo Original y la Sustancia original.

»La Unidad Original es el estado en el que todas las cosas están indivisas e indiferenciadas. No hay sujeto ni objeto, configuración ni forma. En el Emerger Original, el Vapor Primordial (*chi*) cubre el cielo y la tierra. El yin y el yang no han sido divididos, y todo se halla dentro del abrazo del Vapor Primordial. En el Comienzo Original, el yin y el yang se dividen, y su interacción produce configuraciones y formas limitadas, pero identificables. En la fase de la Sustancia Original, las cosas no solo han asumido configuraciones y formas definidas, sino que también han adquirido cualidades. Son duras o blandas, ligeras o pesadas, móviles o inmóviles.

»Aunque se dice que cada cosa posee su propia esencia de vida, forma y cualidad, estas tres entidades son inseparables. Están todas ellas conectadas al origen indiferenciado. A pesar de todas las diferencias aparentes, todas las cosas están conectadas entre sí y con el origen, el Tao.

»El Tao carece de forma y no puede ser visto ni oído. Lo que vemos y oímos son solo las manifestaciones del Tao. Esta es la razón por la que los antiguos decían: "Si intentas verlo, no está ahí; si intentas oírlo, no hay nada". Como el Tao no puede ser captado con nuestros sentidos terrenales, es completamente inútil para nosotros servirnos de la percepción ordinaria para descubrirlo. El Origen Primordial no tiene esencia, forma, ni sustancia. Desde su unidad indiferenciada, se divide en la incontable miríada de cosas, pero, en un instante, todas las cosas pueden retornar a la unidad original.

»En el Comienzo Original, el vapor puro y ligero se eleva para convertirse en el cielo, y el vapor oscuro y pesado se hunde para convertirse en la tierra. Es a partir de la interacción armoniosa entre lo puro y lo turbio, lo ligero y lo pesado, como nació la humanidad. Así, somos productos del vapor nacido de la cópula del cielo y la tierra. Nosotros estamos interconectados con todas las cosas —plantas y animales, cielo y tierra—, porque todas ellas se remontan en su origen y deben su existencia a la Unidad Original».

3
El cielo y la tierra tienen sus virtudes y sus carencias

Lie Tse dijo:

«Aunque debemos nuestra existencia al cielo y a la tierra, no podemos afirmar que son todopoderosos, porque el cielo y la tierra no pueden hacerlo todo. Igualmente, aunque los sabios puedan hablarnos del pasado y mostrarnos el futuro, no son omniscientes.

»El cielo proporciona techo y refugio, pero no podemos sostenerlo y poseerlo. La tierra nos proporciona apoyo, pero no techo y refugio. Por esto es por lo que decimos que tiene sus virtudes y sus carencias.

»El papel del cielo consiste en cubrir, el papel de la tierra es el de mantener, y el papel del sabio es el de enseñar e inspirar. Todas las cosas tienen su función, y forzarlas a hacer algo para lo que no están destinadas es ir contra el orden natural de las cosas. Lo que ofrece refugio no puede proporcionar apoyo, lo que ofrece apoyo no puede enseñar e inspirar, y aquellos que enseñan e inspiran no pueden hacer que las cosas vayan en contra de su función. Este es el orden natural del universo. De esta forma, la humanidad puede ser enseñada, la tierra puede ser cubierta y el cielo puede ser mantenido. Si entendéis esto, veréis que la calma y el movimiento son simples cualidades de las cosas, lo mismo que lo redondo y lo cuadrado son clases de formas diferentes. Ninguna cosa es más válida que otra, y ninguna persona vale más que otra.

»Las obras del cielo y de la tierra no parten de los principios del yin y del yang. Las enseñanzas de los sabios pueden resumirse en dos palabras: virtud y justicia. Todas las cosas pueden clasificarse como duras o blandas. De esta forma, todo sigue su curso natural y cumple su función natural. Por ello, podemos terminar diciendo que están aquellas que han nacido y aquellas que dan a luz; están las formas y lo que las moldeó; están los sonidos y lo que los hizo sonar; están los colores y lo que formó el color; están los sabores y lo que produjo el sabor. De hecho, cuando algo que ha nacido muere, lo que le dio vida continúa. Mientras que las formas producidas son concretas y reales, lo que las formó no existe. Mientras que se oyen los sonidos, lo que produjo el sonido no ha empezado todavía a resonar. Mientras se ven los colores, lo que los produce no ha aparecido. Los sabores han sido paladeados, pero lo que los produjo no se ha revelado. Todos estos son ejemplos de la ausencia de esfuerzo.

»Si entendéis lo que significa mantenerse sin esfuerzo, no habrá nada que no podáis hacer. Podéis ser yin o yang, duros o blandos, bajos o altos, redondos o cuadrados, calientes o fríos; podéis vivir o morir, flotar o hundiros, lanzar un tono alto o bajo, aparecer o desaparecer, poneros negros o amarillos, ser dulces o mordaces, ser fragantes o picantes. No sabiendo ni haciendo nada, podéis saber y hacerlo todo».

4
La vida y la muerte

Lie Tse abandonó su casa en el reino de Cheng y viajó al reino de Wei. Al bajar por un camino polvoriento, vio los restos de una calavera que se hallaba tirada a un lado. Lie Tse observó que se trataba de la calavera de un ser humano de más de cien años. La recogió, le quitó el polvo y la contempló durante unos instantes. A continuación, volvió a dejarla en el suelo, suspiró y dijo a su discípulo, que se hallaba junto a él: «En este mundo, solo tú y yo entendemos la vida y la muerte». Volviéndose a la calavera añadió: «¿Eres desdichado por estar muerto y nosotros afortunados de estar vivos? ¡Tal vez seas tú el afortunado y nosotros los desdichados!».

Lie Tse se dirigió después a su discípulo, diciéndole: «Muchas personas se esfuerzan y se afanan, sintiéndose satisfechas de haber realizado muchas cosas. Sin embargo, al final todos nosotros no somos muy diferentes de este pedazo de hueso pulido. En cien años, todas las personas que conocemos serán solo un montón de huesos. ¿Qué es lo que hay que ganar en la vida y qué es lo que hay que perder en la muerte?».

Los antiguos saben que la vida no puede durar para siempre, y que la muerte no es el final de todo. Por ello, no se excitan por el hecho de la vida ni se deprimen cuando acontece la muerte. El nacimiento y la muerte forman parte del ciclo natural de las cosas. Solo aquellos que son capaces de ver más allá de las ilusiones de la vida y de la muerte pueden renovarse con el cielo y la tierra, y envejecer con el Sol, la Luna y las estrellas.

5
Sombras, sonidos y fantasmas

La acción de una cosa produce efectos sobre otra. En un universo en que todo está interconectado, esto es simplemente natural. Así pues, una forma y su sombra, o un sonido y su eco siempre van juntos. Cuando hay acción, hay efecto. Cuando hay efecto, hay una respuesta en acción.

El *Libro del Emperador Amarillo* afirma: «Cuando se mueve una forma, se produce una sombra, no otra forma. Cuando suena un sonido, produce un eco, no otro sonido. La calma no genera calma, sino movimiento».

Aunque las cosas difieren en apariencia, todas proceden del mismo origen y retornarán a la misma fuente. Algunas cosas pueden perdurar más que otras, pero todas retornarán posteriormente a lo que eran antes de emerger a la existencia. Las personas utilizan las palabras «comienzo» y «fin» para describir el inicio y el final de las cosas. Sin embargo, «comienzo» es realmente la reunión de la energía, y «fin» es simplemente la disolución de dicha energía. Lo que se unió puede fácilmente disolverse si las condiciones se vuelven desfavorables. Lo que se ha disuelto puede unirse de nuevo, si las circunstancias son apropiadas. Por ello, ¿quién puede decir que hay un comienzo y un fin?

La vida y la muerte siguen un curso natural, y nosotros debemos dejarlas venir y partir conforme a él. Para muchas personas el problema consiste en que cuando llega el momento de partir, todavía se aferran, y cuando llega el momento de que se produzca algo en el mundo, intentan impedirlo. Esto es ir contra el orden natural de las cosas. Por ello los antiguos dicen que lo que debe llegar llegará, y lo que debe partir partirá. Las personas intentan con todas sus fuerzas hacer que sucedan o no sucedan las cosas, porque no entienden su orden natural. Creen que pueden controlar su resultado final, y, después de todo, tras un largo esfuerzo, descubren que todo su duro trabajo produce el efecto opuesto.

Nuestro espíritu es el producto del cielo y nuestros huesos son los productos de la tierra. Cuando los dos ya no pueden estar juntos, cada uno retorna a su fuente. Lo que es puro y ligero se elevará hasta el cielo y flotará, y lo que es turbio y pesado se hundirá y será absorbido dentro de la tierra. Cuando esto sucede, decimos que una persona se ha convertido en un fantasma. En chino, la palabra *fantasma* se dice *kuei*, que también significa «retorno». Así pues, convertirse en un fantasma significa volver al cielo y a la tierra. Por ello, la muerte no es el final de las cosas, sino el retorno al origen. Con la muerte, los componentes de que está hecha una persona siguen su propio camino, regresando a donde estaban antes de convertirse en partes de una persona. El tiempo que pasamos en este mundo constituye un viaje a través del ciclo que llamamos vida. Como huéspedes, nos entretenemos por un periodo de tiempo en este reino antes de partir al otro. ¿Y quién puede decir cuánto permanecerá este viajero en el próximo reino antes de embarcarse para hacer otra visita al reino de los vivos?

6
Las etapas de la vida

Podemos dividir el periodo de vida de una persona en cuatro etapas: infancia, juventud, vejez y muerte. En cada una de estas etapas se producen cambios fundamentales.

En la infancia, nuestra sangre es fuerte y nuestra energía es plena. La mente y el cuerpo, el pensamiento y la acción, son uno. Todo lo que hacemos está en armonía con el orden natural. El niño no se ve afectado por las cosas que suceden a su alrededor. La virtud y la ética no pueden limitar su voluntad. Desnudo y libre de las convenciones sociales, sigue el camino natural del corazón.

Durante la juventud, nuestra sangre se eleva y se hace volátil. Aumentan el deseo, las preocupaciones y la ansiedad. Las circunstancias externas dirigen en esos momentos la aparición y la desaparición de las emociones. La voluntad y la intención son limitadas por las convenciones sociales. La competición, el conflicto y la planificación constituyen la norma de las interacciones con los demás. La aprobación y la desaprobación de los demás se convierten en algo importante, y se pierde la expresión honrada y sincera de los pensamientos y de los sentimientos.

Durante la vejez, la fuerza de la sangre empieza a declinar. En consecuencia, también se debilitan el deseo y las preocupaciones. En comparación con los años de juventud, estamos más pacíficos y en armonía con nosotros mismos. Las convenciones sociales y las influencias externas tienen menos efecto sobre nosotros porque ya no estamos interesados en el heroísmo y en la competición. Aunque la persona mayor no se halle tan en armonía con el orden natural de las cosas como el niño, sin duda alguna es más fiel a sí misma que cuando era joven.

Con la muerte todo retorna a la calma. En ese momento no sabemos nada, no hacemos nada ni sentimos nada. Nuestra energía se une de nuevo a su fuente.

Confucio también habló de las etapas de la vida. Él la dividió en tres periodos: durante la juventud, nuestra sangre y nuestra energía están inestables. Por ello, en ese periodo necesitamos controlar nuestro deseo sexual. Con la madurez, nuestra sangre y nuestra energía son fuertes y agresivas. Por ello, en esta etapa de la vida, tenemos que domesticar nuestra naturaleza competitiva. Durante la vejez, nuestra sangre y nuestra energía son débiles. Por ello, en nuestros últimos años, tenemos que disolver nuestro apego a las cosas.

Tanto los taoístas como los confucianos proporcionan profundas comprensiones válidas de la naturaleza humana y de los cambios que se producen en nuestra vida. Para los confucianos, lo importante es entender lo que hay que hacer en cada periodo de la vida, de forma que podamos ser útiles a la sociedad, vivir de forma honorable e interactuar armoniosamente con los demás. Para los taoístas, lo importante es entender que la infancia, la juventud, la vejez y la muerte son etapas de la vida que debemos atravesar. Si entendemos esto, podemos aceptar los cambios que atravesamos y considerarlos como una secuencia natural de acontecimientos en el ciclo del nacimiento y de la muerte.

7
La vida es un trabajo duro, la muerte es descansar

Confucio y sus discípulos pasaban por el pueblo de Cheng, cuando acudieron a contemplar las vistas del monte Tai. En el pueblo vieron a un hombre que caminaba de un lado para otro cantando y tocando un laúd. El hombre llevaba un abrigo de piel de ciervo y una cuerda a modo de cinturón. Parecía feliz y despreocupado mientras caminaba y cantaba.

Confucio sintió curiosidad por saber por qué ese hombre era tan feliz y estaba tan satisfecho. Se acercó a él y le preguntó: «¿Por qué estás tan contento con la vida?».

El hombre respondió: «Para mí existen muchas razones para ser feliz. En primer lugar, de todas las cosas creadas en el universo, solo la humanidad ha sido bendecida con el don de la sabiduría. Mi razón para ser feliz es tener la fortuna de ser un ser humano. En segundo lugar, en mi sociedad los hombres parecen tener más privilegios que las mujeres. Para mí esta es otra razón de ser feliz, puesto que soy un hombre. En tercer lugar, no muchas personas viven una larga vida. Pero a mí se me ha dado salud y una vida de noventa años. Esta es la tercera razón por la que soy feliz. Por último, no me preocupo de si soy rico o pobre, y sé que la vida y la muerte solo son el orden natural de las cosas. Mientras que muchas personas se preocupan porque son pobres y tienen miedo a morir, a mí me aburren esas cosas. Por esto es por lo que siempre estoy feliz».

Tras oír esto, Confucio quedó impresionado y, dirigiéndose a sus discípulos, exclamó: «¡He aquí un hombre que sabe cómo entender la vida!».

En otra ocasión, cuando Confucio se hallaba en uno de los caminos del reino de Wei, se encontró con un eremita que tenía por lo menos cien años. En medio de la calidez de la primavera, ese hombre llevaba un abrigo de piel y recogía los granos de cereal que los campesinos habían dejado caer en el campo. El hombre cantaba mientras trabajaba.

Confucio lo observó un buen rato, y después dijo a sus discípulos: «Este anciano es una verdadera persona y vale la pena hablar con él. ¿A quién le gustaría ir y ver qué es lo que tiene que decir?».

Tse-kung se presentó voluntario y anduvo hacia el bancal de cultivo. Esperó que el anciano se aproximara, y cuando estaba a la distancia de poder ser oído, Tse-kung le dijo: «¡Eres viejo y estás cansado, y todavía sigues sudando y afanándote para ganar tu vida! ¡Tienes toda mi simpatía!». El hombre ignoró estas observaciones y continuó a lo largo del campo recogiendo granos y cantando.

Tse-kung se percató de que algo no iba bien, así que alcanzó al anciano y se disculpó. Este lo miró entonces y le preguntó: «¿Por qué soy tan patético que tienes que sentir pena de mí?». Tse-kung se aventuró a decir: «Bueno, pensé que tal vez no trabajases duro cuando eras joven y cuando fuiste adulto no te preocupaste de crearte una familia. Como consecuencia, no tienes mujer ni hijos que cuiden de ti. Ahora te estás haciendo viejo y la muerte te acecha. Cantas y te ríes, y ni siquiera te das cuenta de que desperdiciaste los mejores años de tu vida».

El anciano sonrió y respondió a Tse-kung: «Yo me río y canto porque soy feliz. Piensa en esto. Si hubiera pasado mis años de juventud esforzando el cuerpo y la mente, y si hubiera gastado todas mis energías compitiendo con los demás cuando era adulto, no hubiera vivido hasta tener cien años, ni habría estado tan sano como estoy. En cuanto a lo de no tener una familia, mejor que mejor. De esta forma, no tendré que preocuparme de su subsistencia cuando yo muera. Puedo incluso contemplar con calma el día en que moriré. ¿Podrías decirme por qué no habría de ser feliz?».

Tse-kung respondió al instante: «Querer vivir y tener miedo a la muerte forma parte de la naturaleza humana. Tú pareces estar contento de morir y esto no lo entiendo». El anciano le respondió: «La muerte y la vida son ciclos de idas y venidas. Cuando abandonamos un mundo, tal vez nacemos en otro. ¿Qué es mejor, la vida o la muerte? Es difícil de decir. Entonces, ¿por qué nos creamos una vida tan dura en este mundo cuando ni siquiera sabemos si es mejor para nosotros vivir o morir?».

Después de oír estas palabras, Tse-kung quedó confundido. Volvió a donde estaba Confucio y le contó todo lo que le había dicho el anciano. Confucio solamente asintió con la cabeza: «Es exactamente como había imaginado. Valía la pena averiguar lo que este anciano tenía que decir. De sus observaciones, parece que ha encontrado sus respuestas en la vida, pero no lo ha encontrado todo».

Fue en esta época cuando Tse-kung se cansó de sus estudios y pensó que todo lo que hacía era inútil. Acudió a Confucio y le comunicó que quería descansar.

Confucio le respondió: «Mientras vivas no descansarás».

«¿No hay entonces ningún lugar donde pueda descansar de mi trabajo?»

Confucio esbozó una sonrisa misteriosa y respondió: «Sí, realmente existen muchos lugares donde puedes encontrar descanso. Busca cuidadosamente en las tumbas, en los valles profundos y en las altas montañas. Estos son lugares de descanso».

Tse-kung exclamó entonces: «Ah, ahora sé por qué los que vivimos no podemos saber lo que es descansar, porque el descanso es solo para los muertos. ¡La muerte es sin duda algo grande! Las personas satisfechas buscan reposo en la muerte, y, para las personas codiciosas, la muerte pone fin a su larga lista de deseos».

Confucio hizo entonces a su discípulo el siguiente comentario: «Parece que finalmente has entendido lo que significa "La vida es un trabajo duro, la muerte es descansar". La mayoría de las personas piensan que vivir es felicidad, pero no se dan cuenta de que a veces vivir es más difícil que morir. Igualmente, muchas personas piensan que la vejez trae consigo la soledad y la desesperación, pero no se dan cuenta de que a veces en la vejez puede uno recuperar la vida despreocupada y feliz de la niñez. Solo saben que la muerte es algo horrible, pero no se dan cuenta de que la muerte es un descanso de los duros esfuerzos».

El sabio Yen-tse también entendió el significado de la muerte. Él afirmó: «Los antiguos decían que para las personas que cultivan el cuerpo y la mente, que son virtuosas y honorables, la muerte es una experiencia de liberación, un descanso esperado durante mucho tiempo de una vida de esfuerzos. La muerte ayuda a las personas sin escrúpulos a poner fin a la infelicidad del deseo. Así pues, para todo el mundo la muerte es una especie de llegada a casa. Por esta razón es por lo que los antiguos sabios decían que una persona "iba a casa" cuando moría. Por otra parte, una persona viva es una persona en tránsito. Normalmente, si un viajero no encuentra su casa cuando termina su viaje, todo el mundo estará de acuerdo en que esa persona ha perdido su camino. Sin embargo, en el viaje de la vida, muchos viajeros solamente saben cómo errar de acá para allá, pero ignoran cómo regresar a casa. No obstante, la gente no ve que esos viajeros han perdido de esta forma su camino.

»Si un hombre deja a su familia y su modo de vida para errar lejos de su hogar, todo el mundo dirá que es un loco y un irresponsable. Sin embargo, si un hombre utiliza sus capacidades y su inteligencia para labrarse una reputación y se asegura de que todo el mundo reconozca sus logros, se le considera como un gran hombre. En realidad, ambos se han desviado de su verdadera naturaleza. Solo los sabios pueden decir quién ha perdido su naturaleza original y quién la ha conservado».

8
El valor del vacío

Alguien preguntó a Lie Tse: «¿Por qué valoras el vacío?».

Lie Tse respondió: «A la mayoría de las personas les gusta ser elogiadas. Se sienten bien cuando sus logros son reconocidos. Sin embargo, pienso que nos sentiríamos mejor si estuviéramos vacíos de apegos y no aprisionados por el reconocimiento, la aprobación y la desaprobación. A largo plazo, tendríamos menos cosas de las que preocuparnos. Por este motivo es por lo que valoro el vacío».

Lie Tse hizo una breve pausa y continuó diciendo: «Incluso si se os atribuye haber hecho algo, debéis daros cuenta de que eso no es una acción totalmente vuestra. Los acontecimientos suceden porque las condiciones son adecuadas, y vuestra acción solo contribuye como una más de las muchas condiciones. Estamos acostumbrados a pensar que cuando las cosas suceden, son el resultado de nuestros "logros"; no entendemos que no hay realmente nada que realizar. Por ello, en lugar de aceptar un mérito que no pertenece a nadie, ¿por qué no tranquilizarse y pensar en las obras del cielo y la tierra?

»Ver el vacío de las cosas puede ayudarnos a cultivar la tranquilidad y la paz de espíritu. Si no sabéis cómo manteneros tranquilos en este loco mundo, os ahogaréis en todo tipo de problemas innecesarios. Perderéis vuestra visión del Camino y, cuando os deis cuenta de ello, será demasiado tarde, ya que, al perder el Camino, también os habréis perdido a vosotros mismos».

Chuang Tse contó en cierta ocasión una historia sobre dos personas que habían perdido, respectivamente, una oveja. Una de ellas se deprimió tanto que, para intentar olvidar su desgracia, se entregó a la bebida, al sexo y a los juegos de apuesta. La otra decidió que esa era una buena oportunidad para estudiar los clásicos y observar tranquilamente las sutilezas de la naturaleza. Ambos hombres experimentaron la misma desgracia, pero uno se perdió a sí mismo, porque estaba demasiado apegado a la experiencia de la pérdida, mientras que el otro se encontró a sí mismo, porque fue capaz de dejar partir la ganancia y la pérdida.

9
¿Crecen o se deterioran las cosas?

El cielo y la tierra están siempre cambiando. Sin embargo, como estos cambios son tan lentos, pensamos equivocadamente que no se producen. Cuando algo se eleva, otra cosa cae. Cuando algo crece, otra cosa se deteriora. Cuando algo desaparece, otra cosa surge. Este es el equilibrio de las cosas. Si solamente hubiera crecimiento y no deterioro, todo el mundo estaría superpoblado, bien de personas, de animales o de vegetación. Si solamente hubiera deterioro y no crecimiento, la vida desaparecería. Para que el mundo continúe, debe haber un equilibrio entre crecimiento y deterioro. Si interferimos con el orden natural de las cosas intentando controlar el crecimiento y el deterioro, el equilibrio del universo se perdería. Solo cuando se dejan las cosas a su curso natural puede mantenerse el equilibrio.

Los vapores del cielo y de la tierra no se unen de una sola vez. Montañas, mares, valles y ríos no se crean ni se destruyen en un solo día. Los cambios del cielo y de la tierra ocurren todo el tiempo. Pero como los cambios son tan graduales, el tiempo entre el llegar y el partir de las cosas es frecuentemente imperceptible para nosotros.

La apariencia de una persona también cambia todo el tiempo. Desde la niñez a la muerte, el color del pelo, los rasgos faciales, la textura de la piel e incluso la inteligencia están siempre cambiando. Hay que repetir de nuevo que, como los cambios son tan graduales, no somos conscientes de que están ocurriendo. Solo vemos los resultados del cambio una vez que se han producido y, a continuación, inferimos que los cambios tienen que haber ocurrido.

10
Preocuparse por la caída del cielo

En el reino de Chi vivía un anciano con miedo de que el cielo se cayera y de que la tierra se rompiese. Razonaba que, si esto ocurría, no tendría dónde esconderse y seguramente moriría. Estaba tan obsesionado con esta idea que no podía comer ni dormir.

Un amigo intentó hacerle razonar para que no se preocupara y le dijo: «El cielo es solo la acumulación de vapor. Este vapor nos rodea. Lo respiramos, caminamos a través de él y movemos nuestro cuerpo dentro del mismo. ¿Por qué habría de caer?».

El anciano, intranquilo, respondió: «¿Y qué me dices del Sol y de la Luna? Aunque el cielo esté hecho de vapor y no se caiga, la Luna y el Sol podrían caerse y aplastarnos». El amigo le dijo: «El Sol y la Luna también están hechos de vapor. La diferencia es que tienen una luz diferente. Pero incluso si caen, el vapor y la luz no son pesados y no nos aplastarían».

El anciano seguía preocupado. «Pero ¿y la tierra? Podría romperse y desaparecer».

«La tierra está hecha de granos y de polvo. El polvo lo es todo. Caminamos, saltamos, dormimos y nos sentamos sobre él y, sin embargo, no cede. ¿Por qué habría de romperse?»

El anciano quedó satisfecho y se sentía seguro y a salvo; volvió a ser feliz. Su amigo también quedó satisfecho por ayudar a alguien a no preocuparse inútilmente.

Cuando el eremita Chang-lu se enteró de esto, se rio y comentó: «Los arcoiris, las nubes, la niebla, el viento, la lluvia y los cambios de las cuatro estaciones están compuestos por el vapor acumulado en el cielo. Las montañas, los ríos, los mares, los minerales, el metal y la piedra están compuestos por la acumulación de materia en la tierra. Si todo en el cielo y en la tierra está hecho de vapor y de polvo, ¿quién puede decir que no puede ser dañado o destruido? El cielo es amplio y la tierra es grande, pero no son permanentes. Sin embargo, si tuvieran que desaparecer, sería dentro de millones de años. El hombre de Chi que se preocupa por su destrucción quizá está demasiado inquieto por el futuro lejano, pero, por otra parte, no es realmente tan loco como podríamos pensar».

Lie Tse oyó esto y bromeó, diciendo: «El maestro Chang-lu piensa que el cielo y la tierra pueden ser destruidos. Yo creo que está equivocado. No tiene sentido pensar en que desaparezcan o no; no podemos saberlo. Es estupendo que no desaparezcan. Podemos vivir nuestra vida sin preocupación. No obstante, el hecho de que desaparezcan algún día es algo que ignoramos totalmente, entonces ¿por qué preocuparse de ello? Mientras vivimos, no sabemos cómo es estar muertos. Y cuando estamos muertos, no sabemos cómo es estar vivos. Aquellos que acaban de nacer ignoran cómo fue para aquellos que vivieron antes de ellos. De igual modo, aquellos que vivieron antes que nosotros no pudieron saber cómo es vivir en nuestra época. En consecuencia, ¿por qué dejar que ocupe nuestra mente la cuestión de si el cielo y la tierra desaparecerán?».

11
La vida que es prestada, la salud que es robada

El rey Shun preguntó a su ministro: «¿Puedo poseer la vía del cielo y de la tierra y conformarla según mis deseos?». El ministro respondió: «Ni siquiera tu cuerpo es tuyo; ¿cómo puedes pensar en doblegar la vía del cielo y de la tierra a tu voluntad?».

«Si mi cuerpo no me pertenece, ¿a quién pertenece entonces?».

«Tu cuerpo no te pertenece. Su forma te fue prestada por el cielo y la tierra. Tu vida no te pertenece; vino a la existencia con la interacción de las energías del cielo y de la tierra. Tu mente y espíritu no están bajo tu control; siguen la vía natural del cielo y de la tierra. Tus hijos y tus nietos no son posesión tuya; son como escamas de tu piel, ya que la procreación te fue otorgada por el cielo y la tierra.

»Una persona que entiende esta verdad es alguien que no está atado a las ideas de qué es la mente y de qué es el cuerpo. Olvidando su cuerpo, puede viajar a cualquier lugar del mundo sin saber adónde va. Olvidando su mente, puede tener éxito en todo lo que hace, porque no piensa en cómo se hace. Sigue la vía del cielo, yendo a donde necesita ir, permaneciendo sin saber qué es lo que le hace quedarse y comiendo sin saber cómo es alimentado.

»La vida no es sino la unión de las energías del cielo y de la tierra, y la fuente de estas energías no tiene ni principio ni fin. ¿Cómo se puede llegar a poseer alguna vez la vía del cielo y de la tierra?».

En el reino de Chi vivía un hombre rico llamado Kuo. En el país de Sung había un hombre muy pobre llamado Hsiang. Viendo la riqueza de Kuo, Hsiang decidió visitar al próspero hombre para ver cómo podía aprender a ser rico. Kuo le dijo: «En realidad, no hay mucho que saber sobre cómo me enriquecí. Simplemente robé. Durante el primer año robé bastante para ser autosuficiente. Durante el segundo año comencé a ser rico. A los tres años había ahorrado una enorme cantidad de riqueza. Desde entonces he sido capaz[7] de ayudar a otros que lo necesitaban».

Cuando el hombre pobre oyó estas palabras quedó encantado. Se aferró a la idea de robar y no se molestó en pedir a Kuo que le explicase los detalles de cómo hacerlo.

Hsiang empezó a probar sus habilidades como ladrón. Saltaba muros e irrumpía en casas. Se apoderaba de todo lo que caía en sus manos. En poco tiempo acumuló una buena fortuna.

Sin embargo, una de las veces fue apresado. Se le castigó severamente y todos sus bienes robados fueron confiscados. Caído de nuevo en la pobreza y enfadado con Kuo por haberle dado un mal consejo, acusó al hombre rico de haberlo engañado.

Al ver a Hsiang, Kuo lo saludó sinceramente y le preguntó cómo le iba. Hsiang le contó enojado cómo había seguido su ejemplo de robar y cómo había acabado en el desastre.

Kuo suspiró y dijo: «Nunca me preguntaste qué es lo que yo robaba para hacerme rico. Oíste la palabra "robo", formaste tus propias ideas y empezaste a actuar a tu manera. Por supuesto, acabaste teniendo problemas. Déjame que te cuente qué es lo que yo robaba para hacerme rico.

»Yo había oído que las cuatro estaciones poseían abundantes dones. Así que robé algunos dones de la lluvia de primavera y del calor del verano para mis cosechas. También sé que los ríos y lagos tienen una gran cantidad de riqueza, así que robé algunos peces para mi estanque de peces y algunas aves acuáticas para mi granja de patos. Sé que la tierra tiene mucho que dar, así que robé algo de tierra para construir un refugio para mí mismo y para mis animales. Sé que los bosques están llenos de riquezas, así que de vez en cuando robé algo de caza para comer. El agua, el suelo, los animales y las cosechas pertenecen al cielo y a la tierra. Yo no poseo nada de ello. Ni nadie lo posee. Por eso es por lo que dije que los robé para hacerme rico. Cuando robo del cielo y de la tierra, no hay retribución, porque sé que nadie posee estas cosas. Por otro lado, tú eres bastante tonto para robar la propiedad de otros. Robaste oro, joyas, seda y arroz que pertenecía a la gente. Por eso es por lo que fuiste castigado por las leyes humanas».

Hsiang creyó que Kuo estaba engañándolo de nuevo. Cuando abandonó la casa del hombre rico, encontró al sabio Tung-kuo. Hsiang le pidió una explicación del discurso de Kuo. El hombre sabio le respondió: «Kuo no robó en el sentido común de la palabra. Entendió que los dones del cielo y de la tierra están para ser utilizados, aunque sabe que no puede llamarlos suyos. Utilizó la palabra "robar" para expresar el "tomar sin necesidad de pedir". Por otra parte, tú no conoces esta verdad y tu ignorancia te causó mucho dolor».

SEGUNDA PARTE

EL EMPERADOR AMARILLO

INTRODUCCIÓN

Cuando la vida se desarrolla de acuerdo con nuestros deseos, nos sentimos felices. En el momento en que las cosas no marchan como queremos, nos sentimos contrariados. Por esta razón, quienes no quedan afectados por las circunstancias externas se mantienen siempre en calma. Siguen la vía natural y no son dominados por sus reacciones ante los acontecimientos que los rodean.

El Emperador Amarillo visitó un país mítico en el que no había dirigente ni gobierno. El pueblo vivía de acuerdo con la ley natural y no se entusiasmaba por el nacimiento ni sentía ansiedad por la muerte. Todo el mundo poseía capacidades increíbles y podían permanecer bajo el agua sin ahogarse o atravesar el fuego sin quemarse. Por haber alcanzado el punto en el que podían olvidarse completamente de sí mismos, eran libres de las limitaciones del cuerpo y de la mente y podían cabalgar sobre el viento y flotar con las nubes.

La trascendencia de la mente y del cuerpo proporciona capacidades que parecerían extrañas a las personas ordinarias. De hecho, se consideraría que alguien que pudiera atravesar el fuego o permanecer bajo el agua poseería poderes mágicos, y muchas personas darían o harían cualquier cosa para adquirir estas capacidades. No saben que dichas habilidades son una consecuencia secundaria de permitir que el cuerpo y la mente se fundan con las leyes de la naturaleza.

Dejar partir empieza con atravesar la ilusión de las formas externas y de las convenciones sociales. Quienes no están apegados a los asuntos terrenales del mundo no se verán afectados por la presión social, las emociones y el deseo. Conocen la vía del cielo y no están atados por las ideas de bueno y malo, correcto y equivocado, belleza y fealdad.

Finalmente, trascender la mente y el cuerpo exige disciplina y paciencia, y cuando se logra, solo la persona iluminada sabe que ha alcanzado la iluminación. Sin publicidad ni fanfarrias, los seres iluminados continúan su vida como personas ordinarias y viven el resto de sus días con simplicidad y satisfacción, ignorados por el mundo y libres de sus convenciones.

12
El Emperador Amarillo visita las tierras inmortales

Tras haber gobernado durante quince años, el Emperador Amarillo examinó su país para ver lo que había hecho. Cuando vio que sus súbditos lo respetaban y lo querían, quedó pleno de satisfacción. Entonces pensó que podía dirigir sus energías a cuidarse a sí mismo.

Retirándose de las obligaciones del gobierno, el Emperador Amarillo decidió hacer cosas que agradasen a su cuerpo y a su mente. Comió los manjares más exquisitos, hizo que los mejores músicos lo entretuviesen, se acostaba tarde e hizo todo aquello que le parecía más agradable. Sin embargo, cuando pasó algún tiempo, su piel se oscureció, sus sentidos se embotaron, se aburrió y su inteligencia quedó disminuida. Incluso sus emociones quedaron fuera de su control.

Así pues, durante los siguientes quince años abordó la vida de una forma completamente diferente. Dejó de satisfacer sus sentidos y puso todas sus energías en gobernar su país. Cada día trabajaba esforzadamente y estaba ansioso porque no hubiera un gobernante mejor que él. Cuando pasó algún tiempo, su estado físico y mental empeoró. Su piel se oscureció todavía más, sus sentidos quedaron más embotados, su mente siguió debilitándose, y sus emociones se hicieron más incontrolables.

Al ver en qué se había convertido, el Emperador Amarillo suspiró, diciendo: «Me mimé demasiado, y después me esforcé con todo el ímpetu. No es extraño que haya perdido mi salud y mi paz interior».

A continuación, el Emperador Amarillo decidió descansar de su vida cortesana. Sintió que necesitaba tiempo para pensar y abandonó la corte imperial para vivir en una simple cabaña que se hallaba en una esquina de los terrenos del palacio. Despidió a sus criados y se distanció de los manjares delicados, de la buena música y de la compañía. Calmó su mente y disciplinó su cuerpo. Durante tres meses permaneció apartado de los asuntos de gobierno.

Un día, mientras sesteaba por la tarde, el Emperador Amarillo tuvo un sueño. En él se veía como viajero por un reino mítico que se encontraba hacia el oeste. Estas tierras inmortales estaban tan lejos de su propio país que solo pudo alcanzarlo en un estado onírico.

En este país mítico no había dirigentes ni maestros, ya que nadie era más sabio que nadie. Sin entusiasmarse por la vida ni sentir ansiedad por la muerte, todo el mundo vivía una vida plena y satisfactoria. La gente no tenía prejuicios ni preferencias ni sabía cómo amar u odiar. Desconocía lo que significaba sentir atracción o repulsión, contactar o evitar el contacto, aprovecharse o quedar indiferente. Por ello, nunca desarrollaron ideas de querer o no querer, tener aprecio o repulsión.

Como no había nada que acoger ni rechazar, podían permanecer bajo el agua sin ahogarse; podían atravesar el fuego sin quemarse. Podían cortarse con cuchillos sin ser heridos. Podían ser picados y arañados sin sentir la picazón. Podían flotar a través del espacio como si estuvieran caminando en tierra firme. Podían dormir sobre el aire sutil como si estuvieran en una sólida cama. Las nubes y la niebla no podían impedir su visión, el trueno no perturbaba su sentido de audición, y la belleza y la fealdad no afectaban su juicio. Por viajar en espíritu, podían caminar por los traicioneros senderos de montañas y valles sin miedo a las alturas escarpadas.

Cuando se despertó, el Emperador Amarillo se sintió iluminado. Llamó a sus ministros y les dijo: «He pasado tres meses retirado intentando averiguar la mejor forma de gobernar el país y de cultivarme. Sin embargo, no me iluminé intentando reflexionar en las cosas conscientemente. Me iluminé en un sueño. Ahora sé que la Vía no es algo que pueda descubrirse mediante el pensamiento consciente. Solo puede ser alcanzada cuando el pensar consciente se detiene». El Emperador Amarillo narró a continuación a sus ministros lo que había soñado.

Veinte años después, el reino del Emperador Amarillo no era muy diferente del país mítico que había visitado en sueños. Poco después, el Emperador Amarillo abandonó el reino de los vivos y ascendió a los cielos, y todo el pueblo guardó duelo por el fallecimiento de un gran gobernante.

En las islas de los mares del este se hallan los seres inmortales que viven en gotas de rocío y en pinas. No comen cereales, pues se alimentan del viento y del vapor, y su mente es tan clara y tranquila como un lago de montaña. Tienen mejillas sonrosadas y el aspecto de niños sanos. Son abiertos, amistosos y no tienen inhibiciones. Todos realizan sus propias tareas y ayudan a los demás. No existe el miedo, la cólera, la tensión ni la insatisfacción. Nadie es superior ni inferior a nadie. Todo es abundante y todos disfrutan de la providencia del cielo y de la tierra. El Sol y la Luna envían una luz suave, las estaciones nunca son extremas, la tierra es rica y los habitantes son bondadosos. Los dioses bendicen el país y los monstruos nunca se acercan. Este es el país que el Emperador Amarillo visitó en sueños.

13
Cabalgar sobre el viento, flotar con las nubes

Lie Tse consideraba maestro al inmortal Anciano Shang y amigo al sabio Pai-kao-tse. Tras acabar su formación, regresó a su hogar montado en el viento y flotando sobre las nubes.

Un hombre llamado Yin-sheng se enteró de la hazaña de Lie Tse y quiso aprender su capacidad de cabalgar sobre el viento. Así pues, acudió a Lie Tse y le pidió que le dejase ser discípulo suyo. Tan determinado estaba Yin-sheng a aprender esta habilidad que se quedó en la casa de Lie Tse asediando al maestro con preguntas. Esta situación continuó durante varios meses, pero Lie Tse se limitaba a ignorarlo.

Yin-sheng empezó a impacientarse y, después, a enojarse porque Lie Tse no le enseñaba. Un día se marchó completamente enfadado.

Cuando Yin-sheng llegó a su casa, se calmó y se dio cuenta de lo estúpido e impulsivo que había sido, así que acudió a Lie Tse y le pidió que le permitiese de nuevo ser discípulo suyo. Lie Tse se limitó a decir: «¿Por qué viniste, te fuiste y a continuación regresaste?».

Yin-sheng respondió: «Cuando vine por primera vez a que me enseñases, me ignoraste. Así que me aburrí y me fui. A continuación, me di cuenta de que había sido demasiado impaciente y temerario, y por ello volví y te pedí que me aceptases de nuevo como discípulo».

Lie Tse contestó: «Pensé que eras inteligente, pero ahora veo que eres muy tonto. Escucha por dónde tuve yo que pasar cuando aprendí de mis maestros».

Lie Tse le contó a continuación:

«Cuando pedí al Anciano Shang que fuera mi maestro y a Pai-kao-tse que fuera mi amigo, decidí esforzarme para disciplinar mi cuerpo y mi mente. Después de tres años, temía poseer todavía conceptos sobre lo correcto y lo equivocado, y no me atrevía a pronunciar palabras que pudieran ofender o agradar. Fue solo entonces cuando mi maestro me miró y reconoció mi presencia. Cinco años después, yo pensaba libremente sobre lo correcto y lo equivocado y hablaba con libertad sobre la aprobación y la desaprobación. Mi maestro me sonrió. Siete años después, mis pensamientos me llegaban de forma natural sin ningún concepto sobre lo correcto y lo equivocado, y las palabras acudían de forma natural sin ninguna intención de agradar u ofender. Por primera vez, mi maestro me invitó a sentarme a su lado. Nueve años después, en cualquier cosa que venía a mi mente o salía de mi boca, no había nada correcto ni equivocado, que agradase u ofendiese. Ni siquiera mantenía la idea de que el Anciano Shang era mi maestro y Pai-kao-tse era mi amigo.

»Fue entonces cuando me di cuenta de que no existía ninguna barrera entre lo que había dentro y lo que había fuera. Mi cuerpo se iluminó con una brillante luz. Oía con mis ojos y veía con mis oídos. Utilizaba mi nariz como boca y mi boca como nariz. Viví el mundo con la totalidad de mis sentidos cuando mi espíritu se unió y mi forma se disolvió. No había ninguna distinción entre músculos y huesos. Mi cuerpo dejó de ser pesado y me sentí como una hoja flotante. Sin saberlo, estaba siendo transportado por el viento. A la deriva de un lado para otro, no sabía si yo cabalgaba sobre el viento o el viento cabalgaba sobre mí».

A continuación miró a Yin-sheng y dijo: «Tú has estado aquí menos de una hora y ya estabas insatisfecho de no haber sido enseñado. Observa tu condición. Las partes de tu cuerpo no cooperan; los vapores del cielo y de la tierra no entran en tu cuerpo; tus articulaciones y huesos son tan pesados que ni siquiera puedes moverte. ¿Y tú quieres aprender cómo cabalgar sobre el viento?».

Cuando Yin-sheng oyó estas palabras, quedó avergonzado y no preguntó de nuevo cómo cabalgar sobre el viento.

14
El arte de permanecer bajo el agua y caminar a través del fuego

Lie Tse preguntó al sabio Wen-tse: «¿Por qué puede la persona iluminada permanecer bajo el agua sin ahogarse, caminar sobre el fuego sin quemarse y flotar en el aire sutil sin caerse?».

Wen-tse respondió: «No lo hace mediante la habilidad y el valor, sino reuniendo la energía y centrando el espíritu.

»Pensamos que cualquier cosa que tenga forma, color y sonido es una cosa. ¿Qué es lo que hace diferente una cosa de otra? Su forma, su color y su sonido. ¿Y qué son las formas, los colores y los sonidos? Son simples rasgos externos de las cosas. Si puedes ver más allá de estas cualidades externas, podrás darte cuenta de que todas tienen la misma estructura subyacente, porque todas proceden del mismo origen. Una vez que has trascendido las diferencias externas, todo puede fundirse con todo. Haciéndote uno con el agua, no te ahogarás; haciéndote uno con el fuego, no te quemarás.

»Para la persona iluminada, el mundo es ilimitado. Se esconde en el reino en el que no hay principio ni fin, y vaga tranquilamente donde aparecen y desaparecen la infinidad de cosas. Purifica su naturaleza original, cultiva su energía y mantiene su virtud. Unificado con las leyes de la naturaleza, se funde con el orden natural de las cosas. De este modo, no es dañado su espíritu y las cosas externas no pueden penetrar en él ni hacerle daño.

»Cuando un hombre bebido se cae de un carro, no se hiere gravemente. ¿Por qué es esto así? Los huesos y la carne del hombre bebido son los mismos que los de todos; sin embargo, mientras que el hombre consciente puede matarse en la caída, el hombre bebido podría salir sin un rasguño. Esto se debe a que el hombre bebido no es consciente del miedo o de la muerte. Para él, no hay diferencia entre estar en el carro y caer de él. Por otra parte, el hombre consciente se endurece por el miedo cuando cae, porque le afecta lo que está sucediendo a su alrededor. Si puedes perder el sentido del yo y del otro a través del vino, piensa en lo que realmente puede hacer el olvidarte de ti mismo. La persona iluminada se funde con todo lo que le rodea. Por ello, nada de lo que le rodea puede dañarlo».

15
El arte del tiro con arco

Lie Tse quería mostrar a los amigos su habilidad en el tiro con arco. Tensó su arco y colocó una copa de agua en su antebrazo izquierdo. Después, lanzó una flecha y la dejó volar. Antes de que la primera flecha alcanzara el blanco, ya había dejado partir la segunda y la tercera. Cuando vio que las tres flechas dieron en el centro del blanco, Lie Tse estuvo muy satisfecho consigo mismo. Tan firme era su mano y tan centrada su concentración que el agua de la copa no se derramó.

Sin embargo, su amigo no quedó impresionado y dijo a Lie Tse: «Lo que me has mostrado es simplemente una habilidad del ojo y de la mano, y no el estado de espíritu del verdadero arquero. Subamos a la cima de una montaña y situémonos al borde de un precipicio. Si en esas condiciones puedes disparar con exactitud, quedaré entonces convencido de tu maestría en el tiro con arco».

Los dos escalaron la montaña, y, cuando alcanzaron la cima, el amigo de Lie Tse caminó hacia el borde del precipicio que tenía una altura de unos doscientos metros. Colocándose de espaldas a este y con medio pie fuera del borde, invitó a Lie Tse a que se uniese a él.

Lie Tse estaba ya temblando cuando vio que su amigo caminaba por el borde del precipicio. En esos momentos, ante el pensamiento de estar de espaldas a un abismo, se cayó de bruces y empezó a sudar.

Su amigo pronunció entonces las siguientes palabras: «El maestro arquero puede lanzar una flecha en cualquier circunstancia. Tanto si ve el cielo claro como si se enfrenta a un enorme abismo, sigue pudiendo disparar con el mismo estado de espíritu. No le afecta la posibilidad de vivir o morir, ni nada puede alterar su calma mental. Ahora contémplate a ti mismo. Estás tan asustado que no puedes mantenerte en pie ni mirar de frente. ¿Cómo puedes siquiera empezar a mostrar el arte del tiro con arco?».

16
Hazañas de poder

En el país de Chin vivía un hombre influyente llamado Tse-hua. Aunque no poseía el rango de funcionario del gobierno, Tse-hua tenía el mismo poder que los ministros. Recibía los favores del rey y se codeaba con los nobles. Quienes estaban en buenas relaciones con él obtenían beneficios, y quienes caían en desgracia ante su vista nunca podían esperar alcanzar la fortuna.

Tse-hua tenía numerosos criados y los animaba a competir entre sí con concursos de proezas físicas y mentales. Cuando estas competiciones acababan en muertes o heridas, Tse-hua no se preocupaba en absoluto. Dejaba que los hombres más fuertes abusaran de los más débiles y que los más inteligentes ridiculizaran a los menos ingeniosos. Los desafíos y las bromas constituían la norma en la región en la que se dejaba sentir su influencia.

Un día, dos hombres de Tse-hua se hallaban cumpliendo una misión lejos de la ciudad. Cuando cayó la noche, encontraron alojamiento en la casa de un anciano campesino llamado Shang. Los dos hombres hablaron toda la noche de su amo. Señalaron que si alguien tenía el poder de otorgar la vida o dictar la muerte, conceder la fortuna o asignar la desgracia ese era Tse-hua. El anciano campesino lo oyó y decidió intentar hacer fortuna ofreciendo sus servicios a ese poderoso hombre.

Al día siguiente, después de que los dos criados hubieron partido, Shang pidió a sus vecinos que le prestaran provisiones y algo de dinero. Llevando puesto un sombrero de paja y una canasta a la espalda, se encaminó a la mansión de Tse-hua.

Cuando llegó allí, vio que todos los criados de Tse-hua llevaban ropa lujosa de seda, montaban en excelentes caballos y tenían un aire arrogante. Cuando vieron al anciano campesino con la cara sucia y la ropa raída empezaron a burlarse de él y tratarlo con brutalidad. Le encargaban las tareas más humildes, lo golpeaban y continuamente se burlaban de él. Sin embargo, por mucho que lo maltrataran, Shang aceptaba las burlas y los golpes sin enfadarse. En poco tiempo, los hombres de Tse-hua se aburrieron de su propia crueldad y dejaron solo al recién llegado.

En cierta ocasión, los criados se hallaban sobre un andamio a bastante altura del suelo y se vanagloriaban de sus hazañas desafiándose mutuamente. Shang también estaba allí. Los hombres, bromeando, le dijeron: «Cualquiera que sea suficientemente valiente para saltar desde este andamio será recompensado con cien monedas de oro». Mientras se provocaban y desafiaban entre sí, Shang avanzó unos pasos y, sin vacilar, saltó lanzándose al vacío. Cayó flotando y aterrizó suavemente de pie y sin herirse. Los criados de Tse-hua quedaron sorprendidos, pero pensaron que simplemente Shang había tenido suerte en esa ocasión.

Así pues, lo condujeron a la ribera del río, a un lugar donde las aguas eran profundas y rápidas, y le dijeron: «En algún lugar de estas aguas profundas hay una perla.

Cualquiera que sea suficientemente valiente para bucear y encontrarla la poseerá». Shang saltó inmediatamente al río y se sumergió. Poco después, volvió con una enorme y brillante perla en la mano.

Después de este suceso, Shang empezó a ganar el respeto de los criados de Tse-hua y dejaron de tratarlo con brutalidad. Incluso a Tse-hua le llegaron noticias de las capacidades de Shang y empezó a darle la asignación de oro y ropa que recibían los demás criados.

Una noche se desencadenó un fuego en el almacén donde se guardaban las sedas. Tse-hua llegó allí con sus criados. Viendo que estaba a punto de perder una gran fortuna, dijo a sus criados: «Daré una gran recompensa a la persona que pueda sacar mis sedas de este edificio ardiendo».

Shang corrió inmediatamente atravesando las llamas y empezó a sacar fardos de seda y brocado fuera del edificio en llamas. El fuego y el humo no parecían afectarlo. Atravesando las llamas y los escombros ardientes rescató todas las mercancías de Tse-hua.

Después de esta hazaña, Shang no solo fue respetado, sino también admirado. Los criados que se habían burlado de él le pedían disculpas: «No teníamos ni idea de que conocieras la magia y pudieras hacer estas cosas que la gente ordinaria no puede hacer. Sentimos habernos comportado mal contigo y habernos divertido a tu costa cuando viniste por primera vez. Intentábamos engañarte para que hicieras tareas imposibles, y ahora nos sentimos estúpidos por no haber reconocido que eras un hombre de poder».

Otras personas también se apiñaban alrededor de Shang, lo felicitaban y le rogaban que les enseñase los secretos de «volar por el aire», «permanecer bajo el agua» y «caminar a través del fuego».

Shang les respondió: «No tengo ninguna idea de cómo logré realizar estas hazañas increíbles. Realmente no hay nada mágico en ellas. Cuando oí que alguien podía hacer una fortuna al servicio del maestro Tse-hua, llegué a creer que podía hacer una fortuna. Cuando vine aquí, no había ninguna duda en mi mente de que si saltaba del andamio me haría rico, o que si me sumergía en las profundidades del río encontraría piedras preciosas. Nunca se me ocurrió que esas tareas fueran imposibles. Ahora que me habéis dicho que os las habíais inventado en un principio para engañarme, estaré más reticente a precipitarme de cabeza para hacer cualquier cosa. He descubierto lo que es el miedo, y estoy empezando a dudar si realmente soy capaz de caminar a través del fuego y volar por el aire. Desde ahora, por mucho que se me recompense, no saltaré desde una torre, ni me sumergiré en aguas profundas, ni caminaré a través de un edificio en llamas».

17
El arte de domesticar tigres

El rey Chou tenía un cuidador de animales llamado Liang, que era un experto en domesticar animales. Este hombre no solo era capaz de domar a los animales habitualmente domésticos, como perros y caballos, sino que era especialmente aficionado a domesticar a animales salvajes como tigres, lobos, águilas y otras aves de presa. Los animales estaban tan domesticados que podía dejarlos en libertad en su patio. Hembras y machos no tenían miedo de aparearse en su presencia, y diferentes especies de animales vivían confortablemente unos junto a otros sin conflicto.

El rey quedó muy impresionado de Liang y temió que esas habilidades de domesticación desaparecieran cuando el hombre muriera. Así que envió a uno de sus sirvientes para que se convirtiese en aprendiz de Liang. Cuando llegó el nuevo aprendiz, Liang le dijo: «Realmente no hay muchas cosas que decir sobre la domesticación de animales salvajes. Sin embargo, si no te explico cómo logré domar a estos animales, el rey se enfurecerá conmigo. Escucha ahora con atención. Los animales tienen una naturaleza única. No se encolerizan ni se tranquilizan sin una razón aparente. El secreto de domesticar animales salvajes consiste en entender su naturaleza. En general, si no suscitas su ferocidad, permanecerán tranquilos; sin embargo, si haces algo que vaya contra su naturaleza, se enfurecerán.

»Lo más normal es que un hombre que alimenta a los tigres no les dé un animal vivo, porque haría que resurgiera su ferocidad habitual cuando cazan y despedazan a sus presas. Además, alimenta al tigre cuando empieza a estar hambriento, no cuando está muy hambriento o cuando está saciado. De esta forma, el animal se siente satisfecho de ser alimentado. Los tigres son muy diferentes de las personas, y para domesticarlos es necesario entender sus instintos naturales y no ir contra ellos».

Liang continuó: «Aunque yo soy muy cuidadoso de no enojar a mis tigres, tampoco los dejo que hagan totalmente lo que quieran. Si están muy contentos o excitados, pueden enfurecerse. Tienes que mantenerlos en un estado equilibrado: ni demasiado contentos, ni tampoco descontentos. Como yo no desvío mi proceder para contentarlos, ni me comporto de una forma que provoque su ferocidad, mis animales sienten que soy uno de ellos. Por esta razón, están satisfechos de permanecer en mis jardines y no quieren retornar a la naturaleza».

18
El arte de gobernar una barca

Un estudiante preguntó a Confucio: «En cierta ocasión, cuando estaba atravesando un río, me percaté de que el barquero manejaba la barca con tanta armonía que le pregunté si se podía aprender esa habilidad. Me respondió que cualquiera podía aprenderla, pero que si se sabía nadar, sería especialmente fácil. Entonces le pregunté si a una persona que sabe nadar bajo el agua, pero que no ha visto nunca una barca antes, le resultaría fácil aprender a gobernar la barca. El hombre no me dio ninguna respuesta. ¿Puedes decirme por qué?».

Confucio respondió: «Para un nadador es fácil aprender a gobernar una barca, porque ya entiende la naturaleza del agua. Para él es natural moverse en el agua. De hecho, los movimientos del nadador son tan naturales en el agua que olvida que está en ella. El buceador que nunca ha visto una barca tampoco tendrá problemas en captar el arte de gobernarla. Para él, las profundidades del mar son como tierra firme. Está tan acostumbrado a sumergirse bajo el agua que para él no le supone ninguna dificultad una barca que se balancea. Está tan relajado en ella como en tierra firme. Por ello, aprenderá rápidamente».

Cuando Confucio vio que su discípulo seguía perplejo, continuó: «Si practicas un juego en el que intervienen frágiles pedazos de cristal, lo realizarás con habilidad. Si lo que está en juego es tu costosa hebilla del cinturón, empezarás a actuar torpemente. Si es tu dinero lo que está en juego, empezarás a titubear. No se trata de que hayas perdido tu habilidad. Es por estar tan aturdido por las cosas externas por lo que pierdes tu calma interna. Pierde tu calma y fracasarás en todo lo que hagas».

19
El arte de nadar

Confucio y sus discípulos se hallaban cerca de una catarata. El agua caía por el saliente de una roca y se precipitaba desde una altura de cien metros; allí, el río continuaba fluyendo con rapidez a través de una garganta de unos cincuenta kilómetros de longitud. Ni siquiera los peces, las tortugas y los caimanes se atrevían a adentrarse en estas aguas peligrosas.

De repente, vieron a una figura saltar desde lo alto de la catarata al espumeante río. Confucio pensó que ese hombre debía estar intentando suicidarse, así que dijo a sus estudiantes que acudieran a las orillas del río y se preparasen para un rescate. Pero cuando se precipitaron a la orilla del río, vieron a alguien que nadaba tranquilamente hacia la ribera. Para su sorpresa, contemplaron cómo el hombre estaba en pie en la parte poco profunda, sacudía el agua de su largo pelo y empezaba a cantar.

Confucio no podía creer lo que veía, así que se acercó a aquel extraño hombre y le dijo: «Cuando te vi sumergirte desde lo alto de la catarata, pensé que te querías suicidar. Después, cuando te observé nadar disfrutando en esas aguas traicioneras, pensé que eras un fantasma. Pero al acercarme, veo que eres un ser humano. ¿Cómo conseguiste nadar atravesando unas aguas tan peligrosas?».

El hombre del pelo largo respondió: «Yo no tengo ningún método particular de nadar, salvo que cuando estoy en el agua, floto y me hundo con ella; en lugar de intentar forzarme, paso atravesándola. Podría decirse que empecé mi aprendizaje con lo que se me fue dado al nacer, continué con lo que era natural para mí, y lo completé confiando en lo que se supone que debe ser».

Confucio le rogó: «Dime qué es lo que quieres decir».

El hombre respondió: «Esto quiere decir seguir el curso natural de las cosas. Si hubiera nacido en las montañas, sería natural para mí sentirme cómodo en lo alto de las montañas. Esto es empezar con lo que nos ha sido dado en el nacimiento. Si hubiera nacido cerca del mar, sería para mí natural haber crecido jugando en el agua. Esto es continuar con lo que es natural hacer. Cuando hago algo, nunca se me ocurre pensar cómo lo hago. Esto significa confiar en lo que se supone que debe ser».

20
El hombre que podía atravesar el fuego

Un cazador y una gran partida de caza habían ido a cazar a las Montañas Centrales. Como no podían encontrar animales en esa zona, prendieron fuego a la hierba, esperando que los animales se vieran forzados a salir de sus madrigueras.

De repente, vieron surgir una figura de las rocas. Cuando el cazador y sus amigos la vieron bailar en medio del fuego y del humo, pensaron que habían visto a un fantasma.

Sin embargo, cuando se apagó el fuego, vieron de nuevo la figura, esta vez caminando tranquilamente como si no hubiera sucedido nada. El cazador era curioso, así que caminó hacia donde se hallaba la figura para mirarla más de cerca. Cuando se dio cuenta de que esta tenía la apariencia y los rasgos de un ser humano, quedó todavía más fascinado. Así pues, se acercó al hombre y le preguntó: «¿Por qué vives en medio de las rocas y corres entre las llamas?».

El hombre respondió: «¿Qué son rocas, qué son llamas? No sé de qué estás hablando».

Posteriormente, cuando el marqués de Wei oyó relatar esto, preguntó a Tse-hsia, un discípulo de Confucio:

«¿Has oído hablar de personas que pueden atravesar el fuego?».

Tse-hsia respondió: «Mi maestro Confucio dijo en cierta ocasión que si alguien está en armonía con los elementos que lo rodean, no será dañado por estos. Esta persona podría ser capaz de fundirse con las rocas y atravesar el fuego».

«¿Puedes tú hacerlo?»

«No puedo hacerlo, porque todavía no soy capaz de vaciar mi mente y arrojar fuera de ella mi conocimiento. Solo sé suficiente para hablar de ello».

«¿Puede tu maestro hacerlo?»

«Mi maestro puede hacerlo, pero no quiere».

Al marqués le encantó la respuesta y no preguntó más.

21
Lie Tse y el brujo

Había un brujo que podía predecir el futuro. Una mirada a los rasgos faciales de alguien y podía decir si esa persona viviría o no, sería afortunada o desgraciada. Podía incluso adivinar la edad de una persona, su fecha de nacimiento y la fecha de su muerte.

Todos se mantenían alejados de este brujo, porque temían que pudiera decirles cosas que preferían no conocer. Solo Lie Tse estaba impresionado con las capacidades del brujo y admitía de buen grado su compañía.

Lie Tse estaba tan impresionado por el poder del brujo que acudió a su maestro Hu-tse y le dijo: «En el pasado pensaba que habías dominado los misterios del cielo y de la tierra, pero ahora he encontrado a alguien que tiene más poder».

Hu-tse respondió: «Tú has rascado solo la superficie de mis enseñanzas. Todavía no he empezado a mostrarte la naturaleza subyacente de las cosas y ya piensas que has entendido los misterios del universo. Si te relacionas con personas de conocimiento superficial, serás totalmente predecible. Trae a ese brujo ante mí y veamos qué sucede».

Al día siguiente. Lie Tse llevó al brujo a ver a Hu-tse. Respetuosamente, Lie Tse se quedó fuera esperando.

Cuando el brujo salió, le dijo: «Tengo malas noticias para ti. Tu maestro está a punto de morir. Como máximo le quedan diez días de vida. Su rostro estaba macilento y él estaba inmóvil como un cadáver».

Perturbado y sollozando. Lie Tse entró a ver a su maestro y le contó lo que el brujo le había dicho.

Hu-tse le dijo: «Simplemente le mostré el dominio del yin sobre el yang. Mi cuerpo estaba rígido y mi respiración estaba dormida. Por ello, me vio como si me estuviera muriendo. Pídele que venga de nuevo».

Al día siguiente, Lie Tse consiguió que el brujo acudiera de nuevo a ver a Hu-tse. Esta vez, cuando el brujo salió, le dijo a Lie Tse: «¡Felicidades! Tu maestro se está recuperando. Tiene suerte de haberme encontrado. Ahora veo signos de vida en él».

Cuando Lie Tse contó lo que el brujo le había dicho, Hu-tse sonrió: «Simplemente le mostré el dominio del yang sobre el yin. La respiración primordial acababa de despertarse en mí. No puedo nombrarla o describirla. Surgía desde mis tobillos y llenaba mi cuerpo. Por eso, me vio retornando a la vida. Hazle venir de nuevo».

Cuando el brujo vio de nuevo a Hu-tse, dijo a Lie Tse: «Tu maestro está cambiando todo el tiempo. No puedo interpretarlo. Tendré que volver cuando esté más estable».

Hu-tse dijo entonces a Lie Tse: «Simplemente le he mostrado la unión del yin y del yang. Probablemente vio el proceso de creación y de disolución y el flujo y el cambio de las cosas. Arroyos, ríos, cascadas, manantiales, lagos, rápidos, remolinos, vórtices, todos estos accidentes son manifestaciones del agua, pero después todos fluyen a remansos más profundos. Existen nueve remansos y solo le he mostrado tres. Dile que venga de nuevo».

En esta ocasión, el brujo apenas había entrado en la casa de Hu-tse cuando salió corriendo. «¡Detenlo!», decía Hu-tse. Lie Tse corrió tras el brujo, pero no era suficientemente rápido. En poco tiempo perdió su pista.

Lie Tse regresó a donde estaba su maestro y le dijo: «Corrió tan rápido que no pude alcanzarlo».

Hu-tse le dijo entonces: «Lo único que le mostré fue cómo era yo antes de venir al mundo. No tenía configuración, ni forma, ni sonido ni olor. Iba y venía dentro y fuera de las cosas. No podía ser captado ni examinado. Él nunca había visto antes una cosa así y, por eso, se asustó y huyó».

Desde aquella ocasión, Lie Tse se dio cuenta de que su aprendizaje era superficial y estaba sin duda muy lejos del entendimiento de la vía del cielo y de la tierra. Así que regresó a su casa y no la abandonó durante tres años. Cocinaba para su esposa y hacía las tareas domésticas. Cuidaba de los cerdos y era bondadoso con todo el mundo y con todas las cosas. Se distanció de los asuntos del mundo y se liberó del enredo de las verdades y de las mentiras. Ya no era un pedazo de jade esculpido, sino un trozo de madera sin tallar. En medio del mundo turbio, permanecía fiel a sí mismo, y pasó el resto de su vida con simplicidad y tranquilidad.

22
El miedo de Lie Tse

Lie Tse había emprendido el camino hacia el reino de Chi cuando decidió volverse. En la ruta se encontró a uno de sus anteriores maestros, Po-hun, quien le preguntó: «Estabas yendo a Chi; ¿por qué te vuelves?».

Lie Tse respondió: «Porque tengo miedo».

«¿Qué es lo que hay que temer?».

«Comí en diez posadas y en cinco de ellas me sirvieron antes que a nadie».

«¿Cuál es el problema?»

Lie Tse respondió: «Se me ocurrió que mi ego estaba obteniendo lo mejor de mí y que yo estaba exigiendo una especie de respeto o haciendo que las personas pensaran que yo soy un hombre importante. Esto hizo que los posaderos me dieran un trato preferencial. Si esto continúa, tendré problemas».

Lie Tse continuó: «Los posaderos no ganan demasiado y, sin duda, no tienen mucho que decir en política. Si personas con tan poco que obtener hacen tan buen negocio conmigo, entonces tendría realmente problemas cuando los generales y los jefes del estado acudieran en pos de mi consejo. De esto es de lo que tengo miedo».

Po-hun comentó: «¡Buenas observaciones!, pero déjame decirte algo. Incluso si te quedas y no vas a Chi, otras personas no te dejarán tan fácilmente tranquilo».

Lie Tse nunca fue a Chi. En vez de ello decidió establecerse en un lugar tranquilo. No mucho después, Po-hun acudió a visitarlo. Viendo los zapatos de muchos visitantes a la entrada de la casa de Lie Tse, Po-hun permaneció fuera, se apoyó en su bastón y se marchó sin decir una palabra.

Cuando Lie Tse se enteró de que su antiguo maestro se había quedado a la entrada de su puerta, corrió descalzo y alcanzó a Po-hun, diciendo: «Maestro, puesto que has venido, ¿por qué no has entrado y me has instruido?».

Po-hun respondió: «No tengo nada que decir. Ya te previne de que la gente no te dejaría irte tan fácilmente. Ahora ha sucedido. Las personas acuden a ti no por ser capaz de permitirles que te respeten, sino porque no puedes impedirles que lo hagan. Tú exhibiste tu virtud y tus logros, y has atraído a las personas para que acudan a aprender de ti, y ni estas personas ni tú os beneficiáis de esto. Ellos te halagan, y tú les dices lo que quieren oír. Os utilizáis mutuamente y nadie se ilumina».

23
Lao Tse enseña a Yang-chu

YANG-CHU era un discípulo de Lao Tse. Cuando oyó que este estaba viajando hacia el oeste, hacia el reino de Chin, alcanzó a su maestro en el camino, justo a las afueras de la ciudad de Liang.

Lao Tse miró a Yang-chu, a continuación miró al cielo y suspiró: «Alguna vez pensé que se te podía enseñar, pero ahora sé que no puedes aprender».

Cuando Yang-chu oyó esto, quedó confundido, pero no dijo nada. Siguió a Lao Tse a la posada y sirvió a su maestro. Le dio un peine, una toalla y una jofaina de agua, y esperó pacientemente mientras su maestro se aseaba. Cuando vio que Lao Tse se sentaba por fin, se quitó sus zapatos, fue a gatas hacia su maestro y respetuosamente le dijo: «Hace un momento dijiste que yo no era susceptible de ser enseñado. Al ver que te apresurabas hacia la ciudad, no me atreví a entretenerte para pedirte una explicación. Ahora que parece que tienes algo de tiempo, me gustaría averiguar lo que he hecho mal».

Lao Tse le respondió: «Eres arrogante y altanero. No tienes respeto por nada. No es de extrañar que nadie quiera tu compañía».

Yang-chu le pidió humildemente que le enseñase. Lao Tse añadió entonces: «Una persona de virtud no se considera a sí misma virtuosa, y alguien que está iluminado no se muestra perfecto. Solo entonces has trascendido el mundo, pero sigues siendo parte de él».

Yang-chu puso inmediatamente en práctica el consejo de su maestro.

La primera vez que llegó a la posada, el posadero lo saludaba respetuosamente cada día. La esposa del posadero tenía miedo de no haberlo servido bien. Los demás clientes se sentaban a una distancia respetuosa y no se atrevían a decir ni una palabra. Pero cuando Yang-chu dejó la posada para continuar su viaje, bromeaba con el posadero y era tan amistoso con los demás clientes que estos empezaron a competir para sentarse en su mesa.

24
¿Qué hay tras las apariencias?

Cuando viajaba al reino de Sung, Yang-chu se hospedó en una posada. El posadero tenía dos esposas, una guapa y otra fea. Cuando Yang-chu vio que el posadero quería más a la fea que a la guapa, quedó sorprendido y le preguntó: «La mayoría de las personas querrían más a la guapa e ignorarían a la fea. ¿Por qué haces lo contrario?».

El posadero le respondió: «La guapa solo ve su belleza, pero yo no la veo. La fea solo piensa que es fea, pero yo no veo su fealdad».

Yang-chu se volvió a sus discípulos y les dijo: «Recordad bien esto. Si sois fieles a vosotros mismos y lo hacéis todo con una buena conciencia, todos verán la virtud en vosotros. Entonces, allí donde vayáis seréis respetados».

Cuando miramos las cosas, frecuentemente suponemos que cuando dos de ellas se parecen externamente deben ser similares internamente. Sin embargo, el sabio sabe que las apariencias no nos pueden decir cómo son por dentro. Algo puede parecerse a un humano y, no obstante, no ser tan inteligente como un humano; y algo puede no parecer humano y, sin embargo, ser tan inteligente como un ser humano.

Nosotros también tendemos a ser atraídos hacia cosas que se nos parecen y distanciarnos de aquellas que no se nos parecen. Cuando vemos algo de aproximadamente un metro setenta que camina sobre dos piernas, lo llamamos ser humano e inmediatamente nos sentimos amistosos con él. Cuando vemos algo que camina sobre cuatro patas, vuela o se arrastra, inmediatamente sentimos que es diferente de nosotros y tenemos miedo. Sin embargo, el sabio sabe que algunos animales son tan inteligentes y cariñosos como los seres humanos, y que algunos seres humanos son tan salvajes como animales. ¿Quién puede juzgar por las apariencias?

Los benefactores de la humanidad —la diosa Nu que nos creó, el sabio Sheng-nung que nos enseñó agricultura, y muchos de los maestros de la humanidad de la Antigüedad— no se aparecen en forma humana. Algunos tienen cuerpo de serpiente, otros tienen cabeza de toro, pero incluso hay otros que tienen alas y garras. Por otra parte, los tiranos que esclavizaron a los pueblos y mataron inocentes son humanos en apariencia. Así pues, ¿cómo podéis juzgar algo simplemente por su apariencia?

Cuando el Emperador Amarillo defendió su país de los invasores, poseía un ejército de tigres, osos, lobos y leopardos. Águilas, halcones y gavilanes llevaban sus estandartes. Se decía que el Emperador Yao podía llamar a los animales a su lado con una flauta y campanillas. Por ello, ¿cómo pueden ser los animales tan diferentes de nosotros cuando pueden responder a nuestra llamada? Creemos que somos incapaces de comunicarnos con los animales, porque estos no se parecen a nosotros y producen sonidos diferentes. Sin embargo, los antiguos sabios sabían que esto no era así, puesto que podían hablar a los animales y entenderlos.

Realmente, los animales son muy semejantes a los seres humanos. Saben cómo cuidarse, se aparean, cuidan a sus crías, evitan el peligro y buscan calor y cobijo. Cuando viajan, los fuertes protegen a los jóvenes. Algunos otean el agua, otros encuentran las pistas y algunos vigilan el peligro. ¿No es esto lo que los seres humanos inteligentes hacen?

En la Antigüedad, animales y humanos vivían pacíficamente juntos. Los humanos no dañaban a los animales, y los animales no tenían miedo de la gente. En la época de los emperadores, los animales empezaron a temer a los seres humanos porque estos los cazaban. En la actualidad es raro ver animales en su entorno natural, porque han aprendido a esconderse de nosotros.

En un país del este lejano hay personas que todavía pueden hablar a animales domesticados y entenderlos. Sin embargo, solo los antiguos sabios conocían el lenguaje de todos los animales y podían convocarlos y darles instrucciones. De hecho, esos sabios podían hablar con los espíritus y los monstruos, y así sus enseñanzas alcanzaban a las innumerables cosas de la creación, tanto a seres humanos como no humanos.

25
Blando y duro, plegarse y resistir

Existen muchas cosas sobre la vía del cielo y de la tierra que las personas encuentran enigmáticas. Por ejemplo, no siempre la fuerza gana, y algunas veces la suavidad puede ser una estrategia más eficaz. Si intentas de manera rutinaria vencer con la fuerza, algún día encontrarás a alguien más fuerte que tú y te derrotará. Sin embargo, si sabes cómo plegarte, nunca estarás en peligro. Si eres competitivo, siempre se presentará una ocasión en la que perderás. Si no eres competitivo, no tendrás que preocuparte de si ganas o pierdes. La fuerza ha de combinarse con la suavidad. Si te resistes demasiado, te quebrarás. Así, la persona fuerte sabe cuándo utilizar la fuerza y cuándo plegarse, y la buena fortuna y la desgracia dependen de si sabes cómo y cuándo ceder. Lao Tse dijo en cierta ocasión: «Si una rama es demasiado rígida, se romperá. Resiste, y perecerás. Conoce cuándo ceder, y resistirás».

Había una vez un rey interesado en contratar hombres fuertes y valientes, porque creía que la fuerza era la mejor forma de protegerse.

Un día, un filósofo errante visitó al rey, que estaba de mal humor y andaba de un lado para otro con el ceño fruncido. Cuando vio al filósofo, le dijo: «Solo me interesa oír hablar de la fuerza y del valor. Si me vas a hablar de la virtud y de la moral, no me hagas perder el tiempo». El filósofo respondió: «Si tuviera una estrategia que garantizase que nadie pudiera apuñalaros, ¿os interesaría?». «Por supuesto, me gustaría escucharla», dijo el rey.

«Si alguien intenta apuñalaros y fracasa, seguiríais sintiéndoos humillado por el atentado contra vuestra vida. La mejor estrategia sería aquella en la que nadie se atreviera a atacaros». El rey asintió de mala gana.

El filósofo continuó: «Ahora bien, que nadie se atreva a dañaros, no es garantía de que no deseen hacerlo. Una estrategia aún mejor sería aquella en la que nadie desee dañaros en absoluto». El rey asintió, y el filósofo continuó: «Pero solo con que nadie quiera dañaros, no significa que os respeten u os quieran. Suponed que tuvieseis una estrategia que pudiera conseguir que todos os quisiesen y os respetasen, de forma que vuestras preocupaciones fueran las suyas. ¿Acaso no sería esta estrategia bastante mejor que la simple fuerza y el valor?».

El rey exclamó: «Eso es justo lo que busco». A lo que el filósofo añadió: «Confucio y Mo-tse no eran príncipes. Nunca fueron dirigentes ni tuvieron ningún cargo político, pero eran respetados como nobles o reyes. Allí donde iban, las personas estiraban el cuello y se ponían de puntillas para verlos, aunque fuera solo un instante. Todos los respetaban y les deseaban lo mejor. Majestad, solo tenéis poder político y militar. Si gobernáis a vuestro pueblo con virtud y honradez, ¿no superaría vuestra grandeza la de Confucio y la de Mo-tse?». El rey se quedó sin palabras.

Viendo cumplido su objetivo, el filósofo se marchó. El rey dijo a sus ministros: «He aquí un hombre que sabe cómo hablar. Me ha convencido con sus argumentos».

TERCERA PARTE

EL REY MU DE CHOU

Introducción

A veces un sueño es tan real que, cuando nos despertamos, creemos que no fue un sueño. ¿Podemos afirmar que estamos soñando cuando soñamos? La mayoría de las veces no podemos. Cuando estamos despiertos, olvidamos nuestros sueños. Cuando soñamos, olvidamos nuestra vida de vigilia. ¿Qué es más real, nuestra vida en los sueños o nuestra vida cuando estamos despiertos? Esto es lo que Lie Tse nos pregunta.

Incluso en nuestra vida de vigilia, las cosas no son tan permanentes como creemos. Lo que puede parecer razonable hoy nos puede parecer absurdo mañana. Los pensamientos que hayan podido ocupar nuestra mente durante el día pueden parecer totalmente carentes de sentido cuando estamos acostados despiertos por la noche y pensamos de nuevo en ellos.

Si nada es permanente, ¿por qué nos apegamos tanto al éxito y al fracaso? Nadie recordará lo que hemos hecho cuando muramos. E incluso si se nos recuerda, solo se recordará de nosotros lo que los demás quieran recordar. ¿Por qué nos esforzamos tanto cuando no podemos llevarnos las riquezas con nosotros al morir? ¿Por qué darle tanta importancia al amor y a la pérdida del amor cuando sabemos que debemos dejar a todo el mundo? La vida es un corto viaje, así que ¿por qué quedarse encerrados en la convención social, la aprobación de nuestros iguales y preocupaciones sin sentido? Mientras el rey Mu viajaba por el reino del espíritu, todo le parecía real. Pero cuando volvió a su propio reino, descubrió que todo lo que había vivido había sucedido en un abrir y cerrar de ojos. ¿Es real el reino del espíritu o es simplemente un pensamiento fugaz? Para el hombre que podía hacer nevar en verano y tronar en invierno, nuestro mundo «real» puede ser simplemente un pensamiento fugaz. ¿Puede ese hombre cambiar la realidad? ¿O es nuestra realidad menos permanente de lo que creemos?

Si podemos abandonarnos un poco y no estar atados a preocupaciones terrenales, no nos preocuparemos durante el día ni soñaremos con nuestros problemas por la noche. Cuando no hay yo, no hay sueños. El sueño es un periodo de descanso. ¿Por qué desperdiciar ese tiempo preocupándonos?

Ver a través de las ilusiones del yo y del mundo nos permitirá entender la naturaleza de la felicidad y de la pena. El hombre rico que era el rey de sus negocios durante el día y soñó que era un esclavo por la noche no es muy diferente del esclavo que sufrió durante el día y soñó por la noche que era un rey. Los dos tuvieron medio día de felicidad y medio día de infelicidad.

Si vamos a ser desgraciados en nuestra vida de vigilia o en nuestros sueños, ¿entonces por qué no ser como el hombre que perdió su memoria y olvidó todas sus preocupaciones? ¿Quién es más afortunado, el hombre que pierde su memoria y sus preocupaciones o aquel que las conserva? El mundo es lo que hacemos de él. Nosotros creamos nuestra felicidad y nuestras penas. Si esto es así, ¿por qué crearnos problemas?

26
El sueño del rey Mu

El rey Mu de Chou fue visitado por un extraño hombre que venía de un país lejano del oeste. Ese hombre era un brujo que podía caminar a través del fuego y del agua, penetrar la piedra y el metal, volar por el aire y mover montañas y ríos. El rey Mu estaba muy impresionado con las capacidades del brujo y lo trataba como a un dios. Le construyó un palacio, le enviaba los manjares más delicados de su reino y le proporcionaba las cortesanas más inteligentes y hermosas.

Sin embargo, el brujo no prestaba mucha atención a estos regalos. Encontraba que el palacio era incómodo, los alimentos no apetecibles y las cortesanas feas, malolientes e incultas. Viendo que su huésped estaba insatisfecho, el rey construyó otro palacio más grande que el anterior. Utilizó la mejor madera y piedra de su reino y empleó a los artesanos más habilidosos para diseñarlo y construirlo. El palacio era una torre que alcanzaba las nubes y tenía una de las vistas de las montañas y de los valles más impresionantes del país. El rey Mu llamó al palacio la Torre en Medio del Cielo.

El rey también reunió a las jóvenes más hermosas y dulces de su reino. Les proporcionó las mejores joyas y sedas, las perfumó con las aromas más fragantes y las envió a que atendieran las necesidades del brujo. También llamó a los músicos de más talento para que interpretasen la mejor música que jamás se hubiera compuesto. Cada mes ofrecía a su huésped la ropa más cara y cada mañana le servía manjares delicados.

El brujo seguía sin estar muy satisfecho, pero viendo que el rey hacía lo mejor que sabía, aceptó los regalos a regañadientes.

Poco después, el brujo invitó al rey Mu a viajar con él a su país hacia el oeste. Diciendo al rey que cerrase los ojos y que se agarrara a su manga, voló al cielo. Cuando el rey abrió los ojos, se vio en el país del brujo. Al entrar en las dependencias del palacio, vio que los edificios estaban decorados con plata y oro. Jade, perlas y otras piedras preciosas adornaban muros y ventanas. El palacio se alzaba sobre unos cimientos de nubes por encima de la lluvia y de las tormentas. En este mundo todo lo que veía, oía y vivía era desconocido. Fue entonces cuando el rey Mu se dio cuenta de que los dioses debían disfrutar de tales lujos en sus palacios celestiales. En comparación, su propio palacio parecía una insignificante posada.

El rey musitó: «Nunca he visto nada así. No me importaría permanecer aquí diez o veinte años». Su reflexión fue interrumpida por el brujo, que lo tomó para visitar otro reino.

En esta ocasión, cuando el rey llegó, no pudo ver el sol ni la luna, montañas ni mares. Allí donde miraba, la luz era tan deslumbradora que todo lo que podía ver era un caleidoscopio de colores que lo aturdía. Los sonidos que oía eran feéricos y extraños, y sus sentidos quedaron muy pronto desorientados. Su cuerpo estaba temblando y su mente se había oscurecido. Por dentro sentía náuseas y pensó que iba a ponerse enfermo. Rápidamente pidió al brujo que lo sacara de allí porque, en caso contrario, se iba a volver loco. El brujo dio al rey un suave empujón y este se encontró de nuevo en su palacio.

Cuando abrió los ojos, se vio sentado en su trono como si nunca lo hubiera dejado. Había vino todavía en su copa y la comida todavía estaba caliente. Sus sirvientes estaban en pie en la misma posición que antes. Cuando les preguntó qué había sucedido, le respondieron que se había quedado sentado en su silla y que había cerrado los ojos por unos instantes. El rey Mu quedó tan conmocionado de esto que casi necesitó tres meses para recuperarse de toda la experiencia.

Por último, decidió preguntar al brujo lo que había sucedido realmente. Su distinguido huésped le respondió: «Viajamos una jornada del espíritu. Esta es la razón por la que tu cuerpo no se movió y el tiempo no pasó. Experimentaste un mundo desconocido para ti mientras estabas sentado en tu propio palacio. ¿Existe realmente alguna diferencia entre los lugares que visitaste y el que tú llamas tu hogar? Quedaste conmocionado y desorientado porque te encuentras cómodo con lo que tú llamas permanente, y te pones nervioso con las cosas que sientes transitorias. Tus reacciones son el resultado de tu mente que te está haciendo trampas. ¿Quién puede decir cuándo se cambia de una situación a otra, con qué rapidez y cuál es real y cuál no?».

Cuando el rey Mu oyó esto, decidió retirarse de la política. Ordenó a sus sirvientes que preparasen su carruaje y los caballos y partió para hacer un gran viaje alrededor de su reino. Viajó a países extranjeros donde fue recibido por sus respectivos señores. En uno de los lugares que visitó, el jefe tribal le ofreció la sangre de un ánsar blanco para beber y se lavó los pies en leche de vaca y de cabra.

Después el rey subió a la cima de las montañas Kunlun, donde vio por unos instantes el palacio real del Emperador Amarillo y construyó un monumento conmemorativo para que las futuras generaciones recordasen a ese poderoso gobernante. A continuación visitó a la Emperatriz Madre del Oeste, que celebró un banquete en su honor y lo divirtió con bailes y canciones. El rey cantó un dueto con la Emperatriz Celestial, pero la música solo suscitaba sentimientos de tristeza.

Cuando el sol empezó a ponerse en los cielos del oeste, el rey Mu se dio cuenta de que había viajado diez mil leguas en un solo día. Suspiró entonces diciendo: «En lugar de emplear mi tiempo en gobernar el país y cuidar de mis súbditos, he pasado este día cantando y disfrutando. ¡Probablemente seré considerado un tonto por las futuras generaciones!».

El rey Mu no fue divino. Disfrutó de su vida plenamente y murió cuando le llegó su momento. Pero todo el mundo creía que se había convertido en un dios y había ascendido al cielo.

27
Aprender las artes arcanas

Lao-cheng-tse acudió a aprender los secretos de las artes arcanas del sabio Wen-tse. Cuando después de tres años su maestro no le había dicho todavía nada, se disculpó por su estupidez y pidió permiso para volver a su casa.

Wen-tse saludó con una reverencia a Lao-cheng-tse, le dejó su habitación, despidió a los demás discípulos y cerró la puerta. A continuación, dijo:

«Cuando mi maestro Lao Tse partió para las tierras del oeste, me dijo que la vida y que la respiración del cielo y de la tierra y la forma de todas las cosas son realmente ilusiones. Las energías yin y yang copulan, las cosas surgen a la existencia y nosotros lo llamamos nacimiento. Cuando se separan y desaparecen, lo llamamos muerte. Lo que ocurre según las matemáticas del cambio lo llamamos transformación o los arcanos.

»Los principios de creación y disolución son profundos y no son fáciles de comprender. Si simplemente nos quedamos en los aspectos superficiales del cambio, estaremos solo jugando con ilusiones, y cualquier cosa que hagamos no tendrá efectos duraderos. Solo cuando penetráis en las matemáticas de la transformación y os hacéis uno con el cambio estaréis cualificados para aprender las artes arcanas. A fin y al cabo, vosotros y yo somos ilusiones del cuerpo y de la mente, así pues, ¿qué es lo que hay de mágico en los arcanos?».

Lao-cheng-tse le dio las gracias a su maestro y volvió a su casa. Durante tres meses pensó en lo que Wen-tse le había dicho y empezó a abandonar la ilusión del cuerpo y de la mente. Habiéndolas abandonado, fue capaz de aparecer y desaparecer a voluntad y de cambiar las estaciones. Podía invocar al trueno en invierno y a la nieve en verano. Podía hacer volar a los animales que corren y correr a los animales que vuelan. Sin embargo, no reveló sus capacidades a nadie, de forma que estas artes nunca fueron transmitidas a las futuras generaciones.

Lie Tse dijo: «Los adeptos a las artes arcanas no las revelan frívolamente. De hecho, las ocultan tan bien que lo que hacen parece ordinario. Generalmente, se acepta que los antiguos sabios y reyes realizaban lo que hacían con virtud y valor. Pero ¿quién puede decir que no se servían de las artes arcanas?».

28
Sueños

Se dice que los acontecimientos de nuestra vida cuando estamos despiertos pueden clasificarse en ocho categorías, y que las experiencias de nuestra vida en sueños pueden dividirse en seis más. Nuestra vida en la tierra gira alrededor de estas catorce clases de acontecimientos.

Los ocho episodios de nuestra vida de vigilia son: acontecimientos, acciones, ganancia, pérdida, felicidad, pena, vida y muerte. Estos se experimentan cuando nuestro cuerpo se encuentra con algo en el mundo.

Las seis experiencias de nuestra vida en sueños son: sueños normales sin significado, sueños de advertencia, sueños que resultan de un excesivo pensar, sueños instructivos, sueños felices y sueños de miedo o pesadillas. Estos estados de sueño se experimentan cuando nuestra mente está intranquila. Si no reconocemos cuándo se producen estos cambios y por qué suceden, estaremos confusos. No obstante, si conocemos la causa y el efecto de las cosas, estaremos preparados y no perderemos la calma ni nos asustaremos. Lo mismo ocurre con los sueños.

La subida y la bajada de energía en nuestro cuerpo sigue el flujo de la energía del cielo y de la tierra. Cuando hay demasiada energía yin, soñaremos con aguas profundas y sentiremos miedo a ahogarnos. Cuando hay demasiada energía yang, soñaremos con fuego y temeremos la amenaza de ser quemados. Cuando tanto la energía yin como la yang son poderosas, soñaremos con violencia y muerte. Cuando estamos hambrientos, soñaremos con pedir alimento. Cuando estamos saciados, soñaremos con ofrecer comida a otras personas. Por esta misma razón, quienes están enfermos y padecen una fiebre ardiente, soñarán que su cuerpo es ligero y que flotan. Aquellos que están enfermos con estremecimientos de frío, soñarán que se están hundiendo y ahogando. Si dormís con el cinturón puesto, soñaréis que estáis siendo asfixiados por una serpiente. Si os dormís cuando está oscureciendo, soñaréis con el resplandor de las llamas. Si vuestro estómago está revuelto cuando os dormís, soñaréis con comer. Las personas que se van a dormir deprimidas, soñarán con beber vino. Quienes se van a dormir tras llorar de pena, soñarán con cantar y bailar.

Lie Tse dijo: «Cuando la mente está intranquila, soñamos. Lo que excita el cuerpo durante el día aparecerá en nuestros sueños por la noche. Asi se responden mente y cuerpo. Así pues, las personas con mentes sin pensamientos y cuyos cuerpos no se agitan por las cosas que les rodean no serán inquietadas por sueños nocturnos. Esas personas están plenamente despiertas en su vida de vigilia y descansan plenamente cuando duermen. Los antiguos sabios no están apegados a sus pensamientos y a sus acciones durante el día, así que no sueñan durante la noche».

Existe una tierra remota que no recibe el aliento del yin y del yang, por lo que no hay cambios de estación ni diferencia entre la noche y el día. Las personas que viven allí no trabajan, ni comen, ni llevan ropa. Duermen casi todo el tiempo y se despiertan una vez cada cincuenta días. Durante el poco tiempo en el que están despiertas, piensan que están soñando. Por otra parte, los sueños son muy reales para ellas.

Existe otro país en el centro del mundo cuyo territorio se alarga de norte a sur al borde de un gran río, limitado por montañas al este y al oeste, y una extensión de diez mil leguas. Como está en el centro del mundo, recibe por igual el aliento del yin y del yang. Por ello, las estaciones están diferenciadas y se distingue entre el día y la noche. Algunas personas de este país son inteligentes y otras son torpes; unas tienen un extraordinario talento y otras no. Los habitantes de ese país tienen una sociedad organizada, saben cómo cultivar la tierra y están gobernadas por un dirigente. También son expertos en muchas actividades. Ellos creen que lo que experimentan durante su vida de vigilia es real y lo que experimentan en sueños es irreal.

Existe otro país en el que siempre hace calor. El sol y la luna nunca se ocultan y no hay noche. Abrasada por el calor, la tierra no produce cosechas. La gente se alimenta de frutos silvestres y de raíces de árboles, y desconocen cómo cocinar con fuego. Sus habitantes son fieros y violentos. Los fuertes sojuzgan a los débiles. Valoran más la fuerza que la virtud. Como no hay noche, están activos todo el tiempo y rara vez duermen.

¿Son los hechos de nuestra vigilia más reales que los de los sueños? Para los que duermen todo el tiempo, los sueños son más reales que la vida de vigilia. Sin embargo, para los que dividen su tiempo entre la vigilia y el sueño, las experiencias de su vida de vigilia son reales, y los sucesos de los sueños no. No obstante, para los que no saben lo que significa dormir no tiene ningún sentido hablar de diferencia entre la vigilia y el sueño. Entonces, ¿cuál es la diferencia entre despertar y soñar?

29
La verdad sobre la felicidad y la infelicidad

Un hombre rico del país de Chou tenía una forma peculiar de manejar sus negocios. Bajo su supervisión, sus fincas e inversiones le daban grandes beneficios. Sin embargo, explotaba a sus trabajadores sin piedad desde la salida hasta la puesta de sol.

Había un viejo criado que había trabajado toda su vida en una de las fincas. Debilitado por el duro trabajo y por el trato brutal, había perdido la fuerza y la energía y ya no resultaba productivo. Pero el hombre de negocios no tenía compasión del pobre criado y lo castigaba por ser perezoso y lo condenaba a un trabajo todavía más duro y prolongado.

El criado era tan infeliz que se lamentaba todo el día mientras trabajaba. Cansado corporal y mentalmente, se sumía por la noche en un profundo sueño. En cuanto perdía la conciencia empezaba a soñar. Soñaba que era rey de un próspero país y que tenía a miles de servidores a su mando. Vivía en un hermoso palacio, visitaba su reino con toda pompa y lujo y era muy feliz. Pero al despertar a la mañana siguiente, estaba ante otro día de infelicidad.

Cuando sus compañeros lo consolaban, el criado decía: «Realmente no está tan mal. Sufro durante el día, pero por la noche disfruto siendo rey de un país».

Mientras tanto, el rico hombre de negocios también se encontraba extremadamente cansado tras gestionar sus fincas durante todo el día. Él también caía en un profundo sueño y soñaba. Pero su sueño era una pesadilla. Se convertía en esclavo de un amo cruel. Se le asignaban las tareas más ignominiosas y lo obligaban a trabajar largas y duras horas, incluso cuando estaba cansado. Se le golpeaba y castigaba por cualquier falta imaginaria, aunque sin culpa alguna. Sufría miserablemente durante su sueño y solo quedaba aliviado cuando amanecía.

Cada día los dos hombres hacían los papeles de amo y criado. Cada noche soñaban que harían los papeles de esclavo y rey. Transcurrieron los días y los meses. El hombre rico era infeliz y pidió a un amigo que le ayudase.

El amigo le dijo: «Tienes una enorme fortuna y un nombre respetado en el mundo de los negocios. Tu situación social está muy por encima de la de las personas ordinarias. Por ello, soñar que estás en el fondo de la escala social es muy normal. Las cosas tienen su forma de equilibrarse. Si quieres que todo vaya a tu gusto tanto en la vigilia como en los sueños, no lo lograrás porque esto es imposible».

Pensando en las palabras de su amigo, el hombre de negocios se dio cuenta de que había llevado las cosas a un extremo. Se había vuelto demasiado afortunado y había hecho a sus trabajadores demasiado desgraciados. Desde entonces, trató a sus trabajadores con compasión, disminuyó sus tareas y no les obligó a trabajar tan duro. Como consecuencia, todo el mundo se sintió mejor. El hombre rico ya no tuvo pesadillas de ser un esclavo por la noche, y el viejo criado ya no tuvo que sufrir durante el día.

30
¿Qué es real y qué es irreal?

Un leñador que estaba recogiendo leña en plena naturaleza se cruzó con un ciervo. Lo mató y lo escondió en un agujero para poder volver a por él. Estaba tan feliz por su enorme suerte que no tardó mucho en olvidarse dónde lo había escondido y empezó a sospechar que todo había sido un sueño.

Mientras regresaba a su casa, reflexionaba sobre su extraño sueño. Alguien que pasaba por allí escuchó al leñador hablándose a sí mismo y decidió ver si podía encontrar el ciervo que mencionaba en sus reflexiones.

Después de buscar cuidadosamente en la zona que describía el leñador, encontró al ciervo en un hoyo cubierto con ramas. Sorprendido de su buena suerte, el hombre llevó el ciervo a su casa y dijo a su esposa: «Hoy encontré a un hombre que soñaba que había matado a un ciervo, pero que había olvidado dónde lo había escondido. Fui a buscar al lugar donde él decía haber matado al animal y lo encontré en un agujero. ¿No es increíble que los sueños puedan ser reales?».

Su esposa le respondió: «Pienso que probablemente soñaste todo el incidente. Encontraste un ciervo y soñaste que habías encontrado un leñador que hablaba de haber matado un ciervo». Su esposo le dijo entonces: «Bueno, realmente no importa si lo soñé o no. Encontré un ciervo y ahora tenemos una buena provisión de comida».

Cuando el leñador llegó a su casa seguía preocupado sobre si había matado o no un ciervo. Esa noche tuvo un sueño. Soñó que mataba un ciervo y lo enterraba en un agujero y lo cubría con ramas. Además, en su sueño vio que alguien a quien había encontrado en el camino de regreso a su casa fue al escondite y se llevó el ciervo.

A la mañana siguiente fue a la casa que vio en su sueño y encontró el ciervo en el patio. Entró y reclamó su ciervo, pero el otro hombre no quiso dárselo. Al final, los dos fueron a un magistrado local para solventar el asunto.

El magistrado escuchó las razones de ambos y decidió: «Uno de vosotros mató al ciervo y después dijo que era un sueño». Dirigiéndose al leñador, continuó: «Después afirmaste que era real y no un sueño. Ahora bien, tú —dijo dirigiéndose al hombre que halló el agujero— encontraste un ciervo que alguien había soñado que había matado, pero dices que tu esposa afirmaba que habías soñado todo y que el leñador y su sueño nunca existieron. Pues bien, yo veo aquí un ciervo y dos personas arguyendo. Mi sentencia es que el ciervo sea dividido igualmente entre los dos».

Cuando el rey oyó este extraño suceso, preguntó a su ministro: «¿Crees que el magistrado soñará sobre si dividió realmente el ciervo?».

El ministro respondió: «No puedo decir si algo fue real o soñado. Solo los sabios como el Emperador Amarillo o Confucio pueden establecer la diferencia entre la vigilia y el sueño. Puesto que ambos han abandonado este mundo, no tendremos forma de saber lo que fue soñado y lo que no. Así pues, entre tanto, yo estaría de acuerdo con la decisión del magistrado de dividir el ciervo por la mitad».

31
El hombre que perdió la memoria

Un hombre llamado Hua-tse perdió repentinamente la memoria a mitad de su vida. Si se le daba algo por la mañana, lo olvidaba por la tarde. Si se le preguntaba algo por la tarde, lo olvidaba al día siguiente. En la calle olvidaba caminar. En casa olvidaba sentarse. Hoy olvidaba lo que sucedió ayer, y al día siguiente olvidaba lo que había sucedido el día anterior.

Preocupada por la pérdida de memoria, su familia invitó primero a un adivino y después a un brujo para intentar ayudar a Hua-tse a recuperar su memoria. Cuando ninguno pudo hacer nada, se llamó a un médico, quien dijo que él tampoco podía hacer nada. Por último, Hua-tse pensó en un filósofo que podría ayudarlo. Tan desesperada estaba la esposa de Hua-tse por encontrarle una cura que vendió la mitad de sus posesiones y llevó a su esposo al filósofo.

La familia viajó hasta donde vivía el filósofo y rogó al sabio que curase a Hua-tse. El filósofo informó a la familia: «Esta clase de enfermedad no puede ser curada por amuletos, magia ni hierbas. Tendré que utilizar métodos especiales diseñados para que trabajen en su mente».

El filósofo probó un experimento en Hua-tse. Cuando le decía que se quitase la ropa, Hua-tse quería quedarse vestido. Cuando lo mataba de hambre, Hua-tse pedía comida. Cuando lo encerraba en una habitación oscura, Hua-tse quería salir. Viendo sus reacciones, el erudito quedó encantado y comunicó a la esposa de Hua-tse: «Tu esposo puede ser curado. Sin embargo, necesitaré utilizar un método secreto que me ha llegado, tras haber sido transmitido de generación en generación y no puedo dejar que estés aquí y mires. Regresa en siete días. Tienes todas mis garantías de que se curará».

La familia de Hua-tse se marchó. Durante siete días el filósofo se encerró con Hua-tse. Nadie supo lo que hizo ni cómo, pero cuando la familia de Hua-tse llegó y lo llevó consigo a casa, lo encontraron completamente curado.

Tras recuperar la memoria Hua-tse se volvió irritable y colérico. Perseguía a su esposa, pegaba a sus hijos y amenazaba al filósofo con una lanza. Cuando la policía lo detuvo por perturbar la paz y le preguntó cuáles eran sus motivos, Hua-tse respondió: «Cuando perdí la memoria, era feliz y no tenía preocupaciones. Dormía en paz y nada me preocupaba cuando me despertaba. No tenía nada en la mente y era un hombre libre. Ahora que he recuperado la memoria, soy desgraciado. Vuelvo a observar la suerte y la desgracia, las ganancias y las pérdidas, las alegrías y las penas de mi vida, y esto me abruma. Me desperté de un buen sueño y he caído en una pesadilla. ¡Nunca seré capaz de volver a los felices tiempos en los que había perdido la memoria!».

Cuando Tse-kung, un discípulo de Confucio, se enteró de la explosión de cólera de Hua-tse quedó intrigado. Acudió entonces a pedir una explicación a su maestro, pero Confucio se limitó a decir: «Esto es algo que nunca entenderás». Después se volvió a su estudiante más prometedor, Yen-hui, y le dijo que tomase nota de todo esto.

32
¿Quién está confuso?

Había un hombre que tenía un hijo muy precoz, pero cuando este creció, parecía sufrir una extraña clase de enfermedad mental. Cuando oía risas, pensaba que eran llantos. Cuando olía fragancias, pensaba que eran olores picantes. Cuando veía negro, decía que era blanco. Cuando comía algo amargo, afirmaba que era algo dulce. Cuando hacía algo equivocado, pensaba que era correcto. Parecía que estaba totalmente confuso y hacía todo lo contrario de lo esperado.

Su padre, preocupado por el problema de su hijo, pidió ayuda a sus amigos. Uno de ellos le aconsejó: «Hay un hombre sabio en el país de Lu que probablemente podría ayudar a tu hijo. ¿Por qué no intentarlo?».

El padre reunió todo el dinero que pudo y, tomando a su hijo consigo, emprendió un largo viaje al reino de Lu.

Por el camino encontró a Lao Tse y describió al sabio taoísta el problema de su hijo.

Lao Tse dijo al padre: «¿Cómo sabes si tu hijo está mentalmente perturbado y confuso? En la actualidad hay muchas personas que están confusas sobre lo correcto y lo incorrecto, lo verdadero y lo falso. Hay incluso más personas que están mentalmente perturbadas por la ganancia y la pérdida. Así pues, tu hijo no es la única persona que tiene este problema. De todas formas, solo porque una persona esté confusa no quiere decir que toda la familia esté confusa. Si una familia está confusa, no debería afectar a todo el pueblo. Si todo un pueblo está confuso, no debería afectar a todo el país. Si un país está confuso, esto no quiere decir que todo el mundo se volverá al revés. Si todo el mundo está confuso, ¿quién va a decir a los demás que están confusos?

»Imagina que todo el mundo es como tu hijo y que tú eres el único realmente diferente. ¿Quién está confuso entonces: tú, o tu hijo y el resto del mundo? ¿Quién puede afirmar en el mundo estar absolutamente seguro sobre lo correcto y lo equivocado, lo blanco y lo negro, lo verdadero y lo falso, la felicidad y la pena? Yo ni siquiera estoy seguro de si estoy confuso o no cuando te digo estas cosas. Y los sabios de Lu están incluso más confusos. Así pues, ¿cómo pueden aclarar la confusión de cualquier otra persona? Creo que debes ahorrarte el dinero y llevarte a tu hijo a casa».

33
El hombre que se incomodaba por nada

Existía un hombre que había nacido en el país de Yen, pero que creció muy lejos de él, en el país de Chu. Siendo viejo, sintió añoranza de su país natal y decidió regresar allí para vivir.

Cuando viajaba hacia el país que lo había visto nacer, atravesó el país de Chin. Sus compañeros de ruta decidieron gastarle una broma y le dijeron: «Este es tu país natal». El hombre se quedó silencioso y pensativo.

Otro amigo señaló un edificio y le informó: «Mira, allí está el templo de tu barrio». El hombre suspiró profundamente.

Otro compañero lo condujo a una casa abandonada y le comentó: «He aquí la casa de tus antepasados». El pobre hombre estalló en sollozos.

Otro compañero lo condujo ante un grupo de tumbas, afirmando: «Tus antepasados están enterrados aquí». En ese momento el hombre empezó a llorar ruidosa y amargamente.

Al ver su dolor, los amigos decidieron que había acabado la diversión y le contaron que simplemente estaban gastándole una broma.

El hombre que padecía de añoranza quedó muy confuso por sus explosiones emocionales y permaneció en silencio durante el resto del viaje.

Cuando por fin llegaron a su país natal, vio la casa de sus antepasados y las tumbas de sus familiares, y no se sintió tan mal.

¿Podríamos afirmar que el hombre se dolió por nada cuando sus amigos se burlaban de él? No podemos decir que sus emociones fueran falsas, porque él creía realmente lo que sus amigos le decían. Nuestras emociones son el resultado de nuestras creencias. No tienen nada que ver con la realidad objetiva. A nuestra creencia en algo seguirán nuestras emociones. Si creemos en otra cosa, experimentaremos emociones diferentes. Al comprender esto, el hombre que sentía añoranza se dio cuenta de que sus emociones dependían de lo que creía que veía, no de lo que había «realmente». Así pues, cuando por fin llegó a su tierra, estaba menos apegado a su añoranza y, como consecuencia, sus sentimientos no fueron tan agitados por el entorno.

CUARTA PARTE
CONFUCIO

Introducción

¿Quién es sabio? ¿Qué es una persona iluminada? ¿Es una persona que es conocida y respetada por muchos? ¿O es alguien que oculta su conocimiento y su sabiduría y parece una persona ordinaria?

Lie-Tse piensa que las personas iluminadas son aquellas que hablan en raras ocasiones y no revelan sus capacidades y sus logros al azar. De hecho, pueden parecer lentas y tontas. Ven con sus oídos y oyen con sus ojos. Pueden ocultarse poniendo una cara inexpresiva, o pueden percibir y actuar de una forma contraria a lo que esperan los demás. Así, a la mayoría de las personas les parecen locos e inconsecuentes, pero a menudo ni siquiera destacan y pasan inadvertidos.

La mayoría de la gente preguntaría por qué estas personas iluminadas no quieren darse a conocer. Después de todo, poseen capacidades que están más allá de nuestra imaginación y, sin duda alguna, pueden producir un impacto en la sociedad y en el mundo. Pero en un mundo de verdades y de mentiras, en el que la gente está atrapada por la fama, la fortuna, la aprobación y la codicia, los sabios que esconden su condición son los que sobreviven.

34
La felicidad y la satisfacción verdaderas

Confucio acababa de retirarse de la política cuando Tse-kung acudió a visitarlo. Cuando este entró en su casa, vio a su maestro con un aspecto triste y abatido. Nunca había visto a Confucio comportarse antes de este modo, así que se marchó en silencio y fue a hablar a su amigo Yen-hui.

Yen-hui era uno de los discípulos más prometedores de Confucio. Tenía una relación especial con su maestro y entendía sus enseñanzas mejor que cualquier otro estudiante. Cuando Yen-hui oyó lo que Tse-kung le había dicho sobre su maestro, no dijo ni una sola palabra. En vez de ello, cogió su laúd y empezó a tocar y a cantar al mismo tiempo que se encaminaba hacia la casa de su maestro.

Cuando Confucio oyó cantar a Yen-hui, quedó sorprendido. Dejó de fruncir el ceño y lo invitó a entrar. Yen-hui estaba contento de que su pequeña acción hubiera conseguido levantar los ánimos de su maestro, pero Confucio lo saludó con las siguientes palabras: «¿Por qué estás tan contento contigo mismo estos días?».

Yen-hui no respondió directamente a la pregunta de su maestro. Por el contrario, preguntó a Confucio: «Maestro, ¿por qué estás tan deprimido estos días?».

Confucio respondió: «Oigamos primero tus razones para ser primero felices».

Así pues, Yen-hui contestó: «Me has enseñado que aceptar la vida y estar satisfecho con la voluntad del cielo es ser feliz. Yo he retenido estas palabras en mi mente y ahora estoy siempre satisfecho y feliz».

Confucio quedó desconcertado por la respuesta de Yen-hui: «¿Realmente te enseñé eso? Creo que no me entendiste bien. Además, eso fue hace mucho tiempo. Ahora las cosas son diferentes, y mi comprensión de la felicidad ha cambiado».

Confucio miró entonces a Yen-hui atentamente y continuó: «Tú solo sabes que la felicidad es aceptar la vida y estar satisfecho con la voluntad del cielo. Pero no sabes que, a veces, esto puede traer dolor. Piensas que estás satisfecho y feliz si no eres atraído por la fama y la fortuna, ni estás preocupado por la vida y la muerte o si no te alteran los cambios de tu entorno. Mi comprensión de lo que significa ser feliz y satisfecho no es simplemente esta. Déjame contarte algunas de mis experiencias y quizá entiendas lo que significa ser verdaderamente feliz y estar satisfecho.

»Cuando yo era joven, prometí un día ofrecer mis servicios a mi país y colaborar para construir una sociedad mejor. Así que estudié a los clásicos, me instruí en las artes marciales y me cultivé con música y poesía. Había esperado que podría dirigir a los demás con mi ejemplo, convertirme en un consejero del señor de mi país y ayudar a la gente a vivir una vida mejor. Pero cuando acabé mis estudios, la situación cambió. Mi país se debilitó y la corte se volvió corrupta. Los políticos luchaban por el poder y las intrigas, y las traiciones se convirtieron en norma.

»Actualmente, nadie está interesado en escuchar nada sobre la virtud y la armonía. En nuestra sociedad, la gente da más importancia a los beneficios de los negocios que a la amistad. Las relaciones se hacen superficiales y todo el mundo se doblega a la presión social y de sus iguales para conseguir aprobación o para progresar.

»¡Qué ingenuo fui pensando que podía cambiar las cosas! Ahora sé que nadie puede cambiar el gobierno ni la sociedad estudiando los clásicos. Pero tampoco he encontrado ninguna forma de solucionar los problemas del mundo. Cuando pierdes tus ideales y tu visión, te das cuenta de que el simple hecho de aceptar la vida no te hace forzosamente feliz».

Yen-hui quedó anonadado por la confesión de Confucio. Nunca había oído hablar a su maestro sobre su vida y sus experiencias. Así que continuó escuchando atentamente.

Confucio prosiguió: «Para ser verdaderamente feliz y estar satisfecho, debes dejar partir la idea de lo que significa ser feliz o estar satisfecho. Cuando entiendas que no existe realmente ninguna razón para estar feliz o triste, entonces estarás de verdad contento. Cuando has alcanzado este estado de espíritu, te das cuenta de que ya no importa si la música, la poesía o los clásicos son útiles para cambiar la sociedad. De hecho, el que tengas o no incidencia en la sociedad no es importante».

Yen-hui entendió finalmente lo que su maestro quería decir. Se inclinó saludándole respetuosamente y se marchó.

Al comprobar que Yen-hui había vuelto a su casa, Tse-kung acudió a verlo. Cuando Yen-hui le contó lo que Confucio le había dicho, Tse-kung quedó aturdido. Pensó en las palabras de su maestro y sintió que él se encontraba lejos del estado de espíritu que Confucio había alcanzado. Sintiéndose frustrado y desesperanzado, volvió a su casa y se encerró. Durante siete días no pudo dormir. Perdió el apetito y se quedó delgado y macilento.

Cuando Yen-hui vio el estado de Tse-kung, pacientemente le explicó las enseñanzas de su maestro y lo animó a tener confianza en sí mismo. Con la ayuda de Yen-hui, Tse-kung finalmente se repuso. Desde entonces, Tse-kung ya nunca se deprimió. Diariamente acudió a estudiar con Confucio y se unió a las risas y a los cantos de los demás estudiantes.

35
Ver con los oídos y oír con los ojos

Había un diplomático del país de Chen que visitaba a un conocido mientras estaba en un viaje oficial por el reino de Lu. Cuando los dos hombres ya habían intercambiado saludos, el conocido, que se llamaba Shu-sun, dijo: «Tenemos un famoso sabio en nuestro país».

El diplomático de Chen repuso: «Supongo que estás refiriéndote a ese hombre llamado Confucio».

«Exacto».

«¿Cómo sabes que es un sabio?», desafió el hombre de Chen.

«He escuchado decir a su discípulo Yen-hui que su maestro puede vaciar su mente y llenar su cuerpo de inteligencia».

«Nosotros también tenemos un sabio en nuestro país. ¿Has oído hablar de él?»

«¿Quién es?»

«Es un discípulo de Lao Tse llamado Kang-sen-tse. No solo ha dominado todas las enseñanzas de Lao Tse, sino que de muchas formas ha superado a su maestro. Puede ver con los oídos y oír con los ojos».

Shu-sun quedó desconcertado. Nunca había oído hablar de nadie que poseyera estas capacidades. Habló a sus amigos sobre Kang-sen-tse, y en poco tiempo en el país de Lu empezaron a hablar del sabio que podía oír con los ojos y ver con los oídos.

Los rumores llegaron al marqués de Lu, que quedó tan asombrado por las capacidades extraordinarias de ese hombre que envió una invitación personal a Kang-sen-tse para que fuera su huésped.

Cuando Kang-sen-tse llegó, el marqués le preguntó humildemente: «He oído decir que puedes oír con los ojos y ver con los oídos. ¿Es verdad?».

Kang-sen-tse respondió en tono amistoso: «Todo eso son rumores. No es verdad que pueda hacer que mis oídos vean y mis ojos oigan. Pero puedo ver y oír sin utilizar mis ojos ni mis oídos».

El marqués quedó aún más impresionado: «Esto es más de lo que esperaba. ¿Puedes decirme cómo lo haces?».

Kang-sen-tse dijo entonces: «Es realmente muy sencillo. Mi cuerpo está en armonía con mi mente, y mi mente está en armonía con mis energías. Mis energías siguen mi espíritu, y mi espíritu está armonizado con todo lo que le rodea. Por ello, puedo oír el más mínimo sonido y ver el más ligero movimiento. Nada escapa a mi conciencia, ya esté lejos o justo frente a mí. Ya no sé si lo percibo con mis sentidos, lo experimento con mi cuerpo o lo conozco con mis tripas. Digamos que es simplemente un sentimiento natural de la forma de ser de las cosas».

El marqués de Lu quedó encantado con la respuesta de Kang-sen-tse y acudió a Confucio a contársela. Confucio simplemente sonrió y no dijo nada.

36
¿Quién es sabio?

Un ministro del reino de Shang acudió a visitar a Confucio. No acostumbrado a andarse con rodeos, el ministro siempre planteaba las preguntas de una forma ruda y directa. Así pues, en el mismo momento en que vio a Confucio le preguntó: «¿Eres un sabio?».

Confucio respondió: «No me atrevo a afirmar que lo soy. Solo soy alguien que ha estudiado mucho y ha leído ampliamente».

«¿Y lo eran los Tres Reyes sabios?»

«Los Tres Reyes sabían cómo servirse de su valor y de su inteligencia. Pero si eran o no sabios no lo sé».

«¿Y qué me dices de los Cinco Emperadores?»

«Los Cinco Emperadores sabían cómo gobernar con virtud. ¿Eran sabios? Yo no lo sé».

«¿Y los Tres Señores? ¿Eran sabios?»

«Los Tres Señores sabían cómo servirse de las personas adecuadas en el momento oportuno. No me corresponde decir si eran o no sabios».

El ministro empezó a impacientarse: «Entonces, ¿quién piensas que es un sabio?».

Confucio no se apresuró a responder; esperó a que el ministro se calmara de nuevo y entonces respondió: «Tal vez, muy lejos, en dirección a occidente, hay una persona que no habla del arte del gobierno, pero su país está en orden y en paz. Rara vez habla de promesas, pero todo el mundo confía en él. No utiliza la fuerza, así que todo marcha con suavidad. Su corazón está abierto y sus acciones son espontáneas. Sus súbditos ni siquiera saben cómo llamarlo. Sospecho que es un sabio, pero ignoro si lo es de verdad».

Cuando el ministro de Shang oyó esto, no quedó complacido. Se marchó pensando para sí: «Esto no tiene ningún sentido. Este Confucio debe estar burlándose de mí».

¿Importa realmente el que alguien sea o no reconocido como sabio? Si eres realmente honrado, sincero y justo en todo lo que haces, ¿necesitas que otros reconozcan tus virtudes para hacerte virtuoso?

37
¿Qué es la sabiduría?

Un día, Tse-hsia estaba conversando con Confucio. Cuando llegaron a tratar sobre los méritos de cada uno de los discípulos, Tse-hsia preguntó a su maestro: «¿Qué piensas de Yen-hui?». Confucio respondió: «Yen-hui es muy bondadoso y amable. Su compasión supera con mucho la mía».

«¿Y qué me dices de Tse-kung?».

«Tse-kung es mucho mejor que yo en los debates y en la presentación de argumentos».

«¿Y qué me dices de Tse-lu?».

«Tse-lu es un hombre valiente. No puedo igualarlo en valor».

«¿Y Tse-chang?».

«Tse-chang puede mantener su dignidad mejor que yo».

Tse-hsia quedó tan sorprendido con las respuestas de su maestro que se levantó y exclamó: «¿Cómo vienen todos estos a aprender de ti?».

Confucio invitó a su discípulo a sentarse de nuevo. Cuando vio que Tse-hsia se había calmado, le dijo: «Yen-hui es compasivo, pero es testarudo e inflexible. Tse-kung puede ser muy persuasivo, pero no sabe cuándo dejar de hablar. Tse-lu puede ser valiente, pero desconoce la tolerancia. Tse-chang puede ser digno, pero no sabe cómo estar en armonía con los demás. Yo no cambiaría sus méritos por los míos aunque me lo propusieran. Por esta razón es por lo que todos ellos acuden a aprender de mí».

Sabiduría no significa ser competente en una cualidad o en muchas. Es la capacidad de reconocer los puntos fuertes y las debilidades en nosotros mismos y en los demás. Así, un maestro sabio sabe que aunque pueda no superar a determinados discípulos en cualidades y capacidades concretas, puede ofrecerles lo que necesitan para convertirse en mejores personas.

38
El hombre que tenía cara de madera

Cuando Lie Tse completó sus estudios con el inmortal Anciano Shang y su amigo el sabio Po-hun, se estableció al sur de la ciudad. Poco después era asediado por visitantes y discípulos ilusionados. A veces, la casa de Lie Tse estaba abarrotada con centenares de personas.

Lie Tse acogía su compañía y disfrutaba hablando con ellas todo el día. En la puerta contigua de su casa vivía un hombre llamado Nan-kuo-tse. Durante los veinte años en que fueron vecinos, Lie Tse y ese hombre nunca se habían saludado. Si se cruzaban en el camino, Nan-kuo-tse pasaba como si Lie Tse no estuviera allí. Los amigos de Lie Tse se imaginaban que los dos hombres eran enemigos.

Cuando alguien preguntó a Lie Tse sobre su vecino, este respondió: «El rostro de Nan-kuo-tse está lleno pero su mente habita en la vacuidad. No oye nada, así que no es distraído por lo que sucede a su alrededor. No ve nada, así que no es atraído hacia las cosas que lo rodean. No dice nada, así que nunca discute con nadie. Su espíritu está en calma, de forma que nada lo perturba. Su cuerpo no se excita y, por tanto, es como una pared desnuda. Alguien como él no quiere ser molestado por nadie ni por nada, así que no tiene sentido intentar entrar en contacto con él».

No obstante, Lie Tse decidió visitar a su vecino. Un gran grupo de amigos y discípulos lo siguieron cuando entró en casa de Nan-kuo-tse. Al entrar, vio a este sentado como una figura de arcilla. Su rostro era tan inexpresivo como un pedazo de madera. Sus ojos estaban en blanco y su cuerpo estaba inmóvil. Sin duda alguna, no era alguien a quien se pudiera hablar. Ni siquiera Lie Tse tenía forma alguna de comunicar con Nan-kuo-tse.

Mientras que todo el mundo permanecía en pie sin saber qué hacer, Nan-kuo-tse miró a los discípulos que estaban detrás y les espetó repentinamente: «Todos vosotros sois arrogantes y competitivos». La multitud quedó aturdida. Cuando todos regresaron a casa de Lie Tse, le preguntaron: «¿Qué ha ocurrido?».

Lie Tse respondió: «Si podéis ver la intención, no tendréis necesidad de utilizar la palabra para comunicar. El sabio no necesita hablar a la gente para entender su intención. Además, no necesita servirse de las palabras para comunicar su propio propósito. A esto se llama decir nada. La persona iluminada puede también sentir la verdad sin tener que pasar por la deducción o el razonamiento. A esto se llama no saber nada y, no obstante, saberlo todo. Nan-kuo-tse parece que no ve, que no oye y que no sabe. Sin embargo, lo ve todo, lo oye todo y lo sabe todo. Para él, no existe separación entre ver y no ver, oír y no oír, actuar y no actuar, o conocer y no conocer».

«La verdadera comunicación no siempre necesita del discurso o de la acción. Las personas iluminadas comunican a través del espíritu y no necesitan transmitir sus intenciones a través del sonido y del movimiento. En consecuencia, la forma en que comunican es más eficaz que la de las personas ordinarias».

39
El arte de viajar y contemplar

A Lie Tse solía gustarle viajar y ver paisajes. Cuando su maestro Hu-tse le preguntó qué era lo que disfrutaba tanto cuando viajaba, Lie Tse le respondió: «Mientras que otras personas viajan para ver la belleza de los paisajes y de los alrededores, yo disfruto observando el modo en que cambian las cosas. A otros contempladores de vistas les puede parecer que soy como ellos, pero la diferencia entre nosotros es que ellos ven cosas mientras que yo veo cambios».

Hu-tse dijo: «Piensas que eres diferente a los demás viajeros, pero realmente no lo eres; aunque ellos se diviertan con vistas y sonidos, y tú estés fascinado por las cosas que siempre cambian, todos estáis ocupados con lo que está fuera en lugar de con lo que experimentáis por dentro. Las personas que son atraídas por el mundo externo están siempre buscando algo nuevo y maravilloso que satisfaga sus sentidos. Sin embargo, solo las personas que se miran a sí mismas encontrarán la verdadera satisfacción».

Después de esta conversación. Lie Tse dejó de viajar, porque pensó que no había entendido en absoluto el verdadero sentido del viaje. Al ver esto, Hu-tse le dijo:

«¡El viaje es una experiencia tan maravillosa!, especialmente cuando te olvidas de que estás viajando. Entonces disfrutas de todo lo que ves y de lo que haces. Aquellos que se observan a sí mismos cuando viajan no tienen pensamientos sobre lo que ven. De hecho, no existe ninguna diferencia entre el que ve y lo visto. Experimentas todo con la totalidad de ti mismo, de forma que cada brizna de hierba, cada montaña y cada lago están vivos y forman parte de ti. Cuando no hay división entre tú y el otro, has alcanzado la experiencia esencial del viaje».

40
La extraña enfermedad de Lung-shu

Un día, Lung-shu estaba conversando con un amigo que afirmó que era especialmente experto en curar enfermedades extrañas. A Lung-shu le resultó difícil de creer, así que desafió a su amigo diciéndole: «Yo tengo una enfermedad rara. Si puedes curarme, estaré de acuerdo en que eres el mejor médico de los alrededores».

Su amigo no pareció inquietarse. «Háblame de tu enfermedad», le dijo.

«Escucha atentamente —dijo Lung-shu—, esta es mi enfermedad. Cuando soy halagado por los demás, no siento orgullo. Cuando otros hablan mal de mí, no me siento desdichado. Cuando gano algo, no soy feliz. Cuando pierdo, no me siento triste. La vida y la muerte, las riquezas y la pobreza, la fortuna y la desgracia son lo mismo para mí. De hecho, puedo ver a la gente como cerdos y verme a mí mismo como a los demás. Cuando estoy en casa, me siento como si estuviese de paseo. Cuando estoy en mi país, me siento como si estuviera entre extraños. Desde que me invadió esta insólita enfermedad, he perdido todo interés en hacerme rico y famoso. No me importan los títulos ni la fama. No me preocupan mucho las leyes y las normas. No me interesan la toma del poder, la caída del gobierno, ni los políticos, y no me afectan las emociones de las personas que me rodean. A causa de mi enfermedad, ya no puedo servir a mi país, llevar mis negocios, ni hacerme padre de familia. ¿Cómo puedes ayudarme?»

El amigo médico dijo a Lung-shu que se pusiera de espaldas al sol. Situándose él de frente a la luz, examinó a Lung-shu a distancia y lo miró de arriba abajo cuidadosamente. A continuación le informó: «Ah, puedo ver que tu corazón está vacío y que te queda muy poco para ser un sabio. Seis de las siete cavidades de tu corazón están completamente abiertas. Sin embargo, una de ellas está todavía cerrada. Este bloqueo es probablemente la causa de tu enfermedad. Si tu afección consiste en considerar la sabiduría como una enfermedad extraña, entonces todas mis capacidades son inadecuadas para curarte».

Lung-shu se había liberado de todos sus apegos excepto de uno. Todavía mantenía el concepto de lo que significa estar iluminado. Comparando la iluminación con una extraña enfermedad, Lung-shu la hacía misteriosa, extraordinaria y antinatural.

La iluminación es una experiencia muy normal, alcanzable por todo el mundo. Por ello, no existe nada misterioso o secreto en ella. Tampoco tiene nada de antinatural, porque sigue el curso de la naturaleza de las cosas.

41
Reaccionar de forma natural

Cuando murió uno de los amigos de Yang-chu, este acudió al funeral riendo, cantando y sin mostrar ningún signo de duelo. Cuando otro de sus amigos murió, Yang-chu se abrazó al fallecido y lloró amargamente. Normalmente, las personas son felices con el nacimiento y se entristecen con la muerte. ¿Por qué se rio Yang-chu ante la muerte de una persona y lloró la muerte de otra? Yang-chu consideró que no había nada de que entristecerse respecto al hombre que había vivido su vida plenamente. De hecho, se sentía feliz porque su amigo había abandonado este mundo como un hombre satisfecho. Sin embargo, Yang-chu se entristeció de la muerte del otro amigo, porque consideraba que ese hombre había muerto antes de tiempo. En ambos casos, Yang-chu simplemente estaba reaccionando de forma natural a las circunstancias.

42
Existen cosas contra las que no se puede luchar

Un ojo que está a punto de perder la vista tiende a ser muy perspicaz en la distinción de los detalles. Un oído que está a punto de volverse sordo tiende a ser muy agudo al oír. Una lengua que está a punto de perder su sensibilidad puede establecer la diferencia entre el agua de dos fuentes. Una nariz que está a punto de perder su olfato es más sensible a las fragancias. Es como si todos los sentidos estuvieran luchando para mantener su utilidad. Sin embargo, por mucho que se esfuercen, posteriormente perderán su eficiencia.

Lo mismo ocurre con las personas. Quienes están empezando a debilitarse forzarán sus cuerpos al límite. Quienes están a punto de perder su mente se volverán extraordinariamente discutidores. Esto ocurre porque no están dispuestos a admitir que todas las cosas deben acabar, y quieren demostrar su fuerza para ocultar su debilidad.

Por otra parte, las personas iluminadas aceptan el curso natural de las cosas. No fuerzan su cuerpo para exhibir fuerza ni su mente para mostrar inteligencia. Sabiendo que hay cosas contra las que no se puede luchar, las aceptan como vienen. Por esto es por lo que pueden abrazar la vida y aceptar la muerte.

43
¿Quién mantiene a quién?

En la parte de la ciudad en la que vivía y enseñaba Lie Tse había muchos filósofos de elevada virtud. En otra parte de la ciudad, el barrio del este, vivían muchos funcionarios y políticos muy cualificados.

Un día, cuando Pai-feng, discípulo de Lie Tse, estaba caminando hacia el barrio del este, se encontró con Teng-hsi, legislador y funcionario respetado. Teng-hsi y sus discípulos estaban siempre hablando de cómo resolver los problemas políticos del día. Por otra parte, los filósofos rara vez discutían de política. Cuando Teng-hsi vio a Pai-feng, se dirigió a sus estudiantes diciéndoles: «Observad cómo sumo en la perplejidad a este individuo». Sus estudiantes lo animaron a que lo hiciera.

Teng-hsi se aproximó a Pai-feng y le preguntó: «¿Conoces la diferencia entre mantenerte a ti mismo y ser mantenido por los demás? Te apuesto a que no la conoces. Déjame decírtela. Las personas que son siempre mantenidas por los demás y nunca hacen el esfuerzo de mantenerse a sí mismas no son mejores que los perros o los cerdos. En este mundo, solo quienes contribuyen a él pueden esperar recibir beneficios de la sociedad. Aquellos que se sientan y esperan a que el cocinero les dé la comida se comportan como los animales domésticos y el ganado».

Pai-feng no respondió, pero uno de sus seguidores se adelantó y respondió a Teng-hsi: «Con todo respeto, ¿has oído hablar de que en los países de Chi y de Lu hay muchas personas con habilidades especiales? Algunos son expertos en carpintería y en cerámica, y otros son excelentes artesanos del metal. Algunos son músicos y artistas de talento, y otros son muy buenos en la estrategia militar y grandes combatientes. Algunos conocen muy bien las ceremonias religiosas y los rituales, y otros son expertos en adivinación y magia. A pesar de su cualificación en sus respectivas áreas, ninguno de ellos es un buen administrador. Ellos pueden realizar sus propias tareas, pero no pueden decir a los demás que hagan las suyas. Afortunadamente, existen algunas personas sin cualificaciones especiales que pueden ser empleadas como burócratas. Así pues, tenemos la siguiente situación: quienes están cualificados son empleados por aquellos que no están cualificados, y vosotros los administradores y los burócratas sois empleados por ciudadanos como nosotros. Ahora bien, ¿quién está manteniendo a quién?».

Teng-hsi no supo qué responder. Tímidamente se volvió hacia sus discípulos y se marchó.

44
¿Qué es la fuerza?

El conde del estado de Kung-yi tenía fama de ser un hombre muy fuerte. Cierto duque estaba muy impresionado por la fuerza de este hombre y habló muy bien de él ante el rey. Este quedó deseoso de conocer al conde, así que le envió un generoso regalo, invitándolo a que hiciera una demostración de su fuerza ante la corte.

Cuando el conde de Kung-yi llegó, el rey quedó sorprendido. El hombre que estaba ante él no era corpulento, sino delgado y lánguido. El rey dudaba sobre la capacidad del hombre que tenía ante sí, y frunciendo el ceño preguntó: «¿Cómo eres realmente de fuerte?».

El conde respondió: «Soy suficientemente fuerte para romper las piernas de un saltamontes y partir las alas de un insecto». Cuando el rey oyó esto, quedó muy contrariado. O ese hombre era un impostor, o intentaba hacerle encajar una observación maliciosa. El rey exclamó con voz potente: «Los hombres fuertes a mi servicio pueden deshacer la guarida de un rinoceronte y arrastrar a nueve bueyes por el rabo; sin embargo, no estoy satisfecho con su fuerza. ¿Cómo puedes ser tan famoso por tu fuerza cuando solo puedes romper alas y patas de insectos?».

El conde de Kung-yi respondió con un gesto de asentimiento: «Mi señor, esta es una excelente pregunta. Dejadme que me explique. Mi maestro el Anciano Shang fue el hombre más fuerte del mundo, pero su familia no lo sabía. Nunca mostró su fuerza, porque nunca tuvo que utilizarla. Cuando yo vi esto, juré que pasaría el resto de mi vida aprendiendo de él. Esto me transmitió él:

»"A la mayoría de las personas les gusta ver o hacer lo que nunca han visto ni hecho antes. Quieren empezar a abordar estados que suponen un desafío inmediatamente y no tienen la paciencia de aprender los rasguños del entrenamiento. Sin embargo, yo afirmo que si quieres entrenar tus poderes de visión, debes empezar observando atentamente una pila de leña. Si quieres agudizar tu sentido de audición, debes empezar escuchando el sonido de las campanas. De esta forma, incrementarás tus capacidades gradualmente y no te encontrarás con un montón de obstáculos durante el aprendizaje. Una vez que has adquirido las habilidades necesarias, ninguna circunstancia te parecerá difícil. Y si las circunstancias no son difíciles, ¿por qué necesitarías invocar tus habilidades para afrontarlas?"».

El conde continuó: «Si mi reputación de fuerza es conocida en todo el país, entonces no he seguido bien las enseñanzas de mi maestro. No obstante, yo no soy famoso por mi fuerza por haberme vanagloriado de ella, sino por la forma en que la utilizo». El rey quedó finalmente satisfecho con la explicación del conde.

Con relación a la fuerza, el conde de Kung-yi no había alcanzado el nivel de maestría que tenía su maestro el Anciano Shang. Aunque el conde no se vanagloriaba de su capacidad, todavía necesitaba utilizarla. Pero el Anciano Shang había alcanzado un punto en el que ya no había nada externo que le supusiera suficiente dificultad para que él necesitara invocar su fuerza. Así pues, nunca necesitó usarla.

45
Los extraños argumentos de Kung-sun Lung

El príncipe Mou era uno de los hijos más inteligentes de la familia real de Wei. Siempre estaba acompañado de filósofos y eruditos, escuchando sus charlas y debates. Al no estar interesado en política ni en los asuntos del gobierno, el príncipe Mou pasaba gran parte de su tiempo con el sofista Kung-sun Lung y disfrutaba escuchando lo que este ingenioso filósofo tenía que decir sobre todos los asuntos terrenales.

Un erudito prominente se burló de la amistad del príncipe Mou con Kung-sun Lung. Cuando el príncipe lo supo, preguntó al erudito: «¿Qué es lo que tiene gracia de mi amistad con Kung-sun Lung?».

El erudito respondió: «Todo el mundo sabe que Kung-sun Lung es una persona rara. No respeta a nadie ni a nada. Su lengua es afilada y no sabe retenerla. Sus puntos de vista son excéntricos y extremados, y él no sigue ninguna escuela de enseñanza conocida. Le gusta utilizar su ingenio y su agudeza verbal para confundir a los demás y ganar los debates. Puede defender con éxito que lo blanco es negro y que lo recto es curvo, pero uno se marcha con el sentimiento de que vence en la discusión no por tener razón, sino porque uno no puede superarlo en ingenio. Pienso que es un hombre muy superficial y engreído. Me río de ti porque eres un necio por tratarlo con tanto respeto».

Al príncipe Mou no le gustó esta valoración de su amigo y dijo: «¿Por qué consideras a Kung-sun de esta forma? ¿Me puedes mostrar algún ejemplo de lo que dices?».

«¡Claro que sí! En primer lugar, recuerda lo que dijo Kung-sun Lung al nieto de Confucio. Afirmó: "Existe un arquero que puede lanzar flechas de tal forma que la punta de la segunda flecha toca las plumas de la primera, y la punta de la tercera toca las plumas de la segunda. De esta forma, cuando la punta de la primera flecha está alojada en el blanco, la tercera flecha tiene todavía sus plumas en la cuerda del arco. Como consecuencia, en lugar de tres flechas, hay solo una larga flecha, cuya punta está en el blanco, mientras que sus plumas están todavía en las cuerdas del arco". Cuando el seguidor de Confucio quedó sobrecogido por esta proeza en el arte del tiro con arco, Kung-sun Lung le dijo: "Eso no es nada. ¿Has oído hablar del discípulo del gran arquero P'eng que estaba enfadado con su esposa y decidió darle una lección asustándola? Tomó un famoso arco, puso en él la flecha más elaborada y disparó a uno de sus ojos. Por extraño que pueda parecer, cuando la flecha tocó la superficie del ojo, cayó al suelo. Todo sucedió tan deprisa que la esposa ni siquiera tuvo tiempo de pestañear. Pues bien, eso es lo que yo llamo maestría en el arte del tiro con arco". ¿No dirías que esto es ridículo?»

El príncipe Mou respondió tranquilamente: «Las palabras de un hombre sabio no son fáciles de entender por un necio. Las tres flechas pueden alinearse una detrás de otra formando una gran flecha, porque el arquero conoce el momento preciso en el que soltar cada flecha. Además, un arquero puede hacer que una flecha se detenga justo frente al ojo de alguien si sabe cómo desplegar su fuerza de tal forma que la flecha pierda su impulso cuando ha cubierto una distancia determinada. Yo encuentro que ambos casos son muy creíbles. No hay nada de ridículo en lo que dijo Kung-sun Lung. De hecho, estos ejemplos me dicen que Kung-sun Lung posee una profunda comprensión del arte del tiro con arco».

El erudito no quedó contento con la refutación del príncipe Mou, así que respondió: «Tú eres discípulo y amigo de Kung-sun Lung. Por supuesto, lo defenderás e ignorarás sus fallos. Déjame decirte algo más ultrajante de ese hombre. Esta vez no te va a ser fácil defenderlo. En cierta ocasión, Kung-sun Lung dijo al rey de Wei:

Una persona con mente no puede conocer;
si puedes señalarlo, no puedes alcanzarlo;
nunca puedes acabar dividiendo algo;
una sombra no puede moverse;
un simple cabello puede sostener mil piedras;
un caballo blanco no es un caballo;
un ternero huérfano nunca ha tenido una madre.

»Como puedes ver, la perversión de la razón de Kung-sun Lung no tiene fin».

El príncipe Mou no se alteró en absoluto por estos argumentos. Tranquilamente respondió: «Tú piensas que estas afirmaciones son indignantes solo porque no puedes entenderlas. El problema está en ti, no en Kung-sun Lung».

A continuación prosiguió: «Déjame explicarte el significado de estas afirmaciones. En primer lugar, una persona con mente se ve atada a estar llena de conceptos.

Estos conceptos le impiden conocer las cosas directamente, así que una persona con mente nunca conocerá realmente. En segundo lugar, los fenómenos del mundo son tan fugaces que en el momento en que los señalas ya han desaparecido. En tercer lugar, la división y la diferenciación son los procesos mediante los que se crean las cosas. Puesto que las cosas están surgiendo y disolviéndose todo el tiempo, no puedes especificar el punto en el que se detiene esta división. En cuarto lugar, una sombra es un efecto y no una causa. Por ello, no puede moverse por sí misma. Solo cuando hay una causa, hay un efecto. En quinto lugar, un solo cabello puede sostener mil piedras si entiendes el principio del equilibrio. Además, la famosa afirmación de Kung-sun Lung "un caballo blanco no es un caballo" nos advierte de no confundir un objeto con sus cualidades. Por último, un ternero huérfano no era huérfano cuando tenía una madre. De la misma forma, una vaca no puede parir un ternero huérfano, porque debe estar viva en el momento del parto. Como puedes ver, las afirmaciones de Kung-sun Lung no están en absoluto vacías ni son disparatadas. Son palabras de sabiduría diseñadas para despertarnos de la ignorancia».

El erudito no tuvo nada más que añadir y se marchó.

Las palabras del sabio son difíciles de aceptar, no porque no puedan ser entendidas, sino porque la gente no quiere entenderlas. Kung-sun Lung fue un hombre extraordinario. Su percepción y su comprensión de las cosas se hallan por delante de su época. Esta es la razón por la que sus contemporáneos desecharon sus enseñanzas como bárbaras y excéntricas. Solo el príncipe Mou entendió su sabiduría. Pero él mismo era un hombre muy sabio.

46
Saber cuándo retirarse

Cuando el emperador Yao llegó al término de sus cincuenta años de gobierno, no estaba seguro si su imperio estaba en orden y si sus súbditos lo aceptaban como gobernante. Preguntó a sus ministros de la corte, pero estos lo ignoraban. Preguntó a los funcionarios de las provincias, pero ellos no pudieron decirle nada. Preguntó a los sabios del país, pero estos fueron incapaces de ayudarle.

En estas circunstancias, Yao no tuvo más remedio que disfrazarse de ciudadano ordinario y viajar por todo su reino. Un día, cuando se aproximaba a la capital de una provincia, oyó cantar a un grupo de niños. Al acercarse a estos, oyó las siguientes palabras:

Tú nos alimentaste y nos vestiste.
Tus leyes son nuestras leyes.
Sin saberlo,
seguimos la vía del cielo.

Yao quedó encantado cuando oyó esta canción. Entonces preguntó a los niños: «¿Dónde aprendisteis esta canción?».

«La oímos a un funcionario», respondieron ellos.

«¿Cómo encontrasteis estos versos?», preguntó Yao al funcionario.

«Creo que son de un viejo poema».

Yao volvió a su corte, convocó a su sucesor Shun, le contó lo que había visto y oído y después abdicó. Shun aceptó la corona sin vacilar.

Cuando el sabio Wen-tse se enteró de esto, afirmó: «Alguien que sabe cuándo retirarse, una vez su obra finalizada, es alguien que entiende la vía del cielo. No tiene disputas con el mundo y todo lo que hace sigue el orden natural de las cosas. Hay cosas que van contra el orden de la naturaleza, pero este no va contra el orden de las cosas. Por ello, la persona iluminada no necesita ojos para ver la vía. Esto sucede porque la vía no puede ser captada con tus sentidos y pensamientos. Búscala frente a ti y reptará poniéndose detrás de ti. Búscala con buenas intenciones y estará en todas partes. Si no eres sincero, nunca se revelará a sí misma. Para alcanzarla no puedes utilizar el intelecto, pero si no eres estricto se te escapará. Solo de una forma natural puede ser alcanzada la vía. Y una vez que la has alcanzado, solo de una forma natural puedes conservarla. Saber la verdad de las cosas y no aferrarse a ella, conocer cómo actuar y no servirse del esfuerzo para ello, estas son las características del sabio. Si pretendes conocer o no conocer, hacer o no hacer, eres simplemente como un montón de polvo. Está depositado sin hacer nada, pero tampoco vale nada».

La abdicación y el retiro no son cosas que puedan ser forzadas. Solo aquellos que están en armonía con el orden natural de las cosas saben cuándo y cómo retirarse. Cuando Yao vio que su país estaba en orden y que no había nada que pudiera hacer mejorar las cosas, supo que era su momento de retiro. Y Shun, que también entendía la vía del cielo, aceptó sus responsabilidades sin vacilar.

QUINTA PARTE

LAS PREGUNTAS DE TANG

Introducción

Muchas cosas del mundo no son tan extrañas como creemos. Las costumbres y las tradiciones de otras culturas pueden parecer chocantes al principio, pero cuando los pueblos de otras culturas miran las nuestras, probablemente tienen la misma reacción inicial.

Para Lie Tse, incluso los sucesos más extraños no son anómalos, porque todas las cosas siguen el orden natural del universo. Las personas pueden adquirir habilidades increíbles y realizar hazañas inverosímiles porque entienden cómo funcionan las cosas.

La clave para entender el orden natural de las cosas es disolver las barreras entre el sujeto y el objeto, el conocedor y lo conocido, el que ve y lo visto. Tanto si se está aprendiendo a tirar al arco, como a pescar, a conducir, a cantar, a elaborar un objeto de artesanía, a tocar un instrumento musical o a comunicar con un amigo, el nivel más elevado de realización solo puede ser alcanzado cuando se disuelven las dualidades y nada nos separa de las cosas y de las personas.

47
¿De dónde proceden las cosas?

El emperador Tang preguntó a un sabio: «¿Han existido siempre las cosas desde el principio de los tiempos?».

El sabio respondió: «Si las cosas no hubieran existido desde el principio, ¿cómo podrían existir ahora? ¿Qué piensas de personas que en el futuro preguntasen si las cosas existen ahora?».

«En este caso, ¿dirías que no hay algo así como antes y después?».

«Es difícil de afirmar cuándo empiezan o cuándo acaban las cosas. El principio de una cosa puede ser el final de otra. Desde el comienzo de los tiempos hasta ahora, las cosas van y vienen continuamente. No hay forma de saber qué es lo que fue primero».

«Entonces, ¿no existe un límite al universo?».

«No lo sé».

El emperador Tang siguió insistiendo: «Debe haber un límite en alguna parte».

El sabio respondió entonces: «Nada es ilimitado. ¿Cómo sé dónde están los límites? ¿Cómo podemos saber que detrás de este universo no hay otro universo? Solo puedo decir que las cosas son ilimitadas, pero no puedo decirte si existen límites».

48
El hombre que intentaba mover las montañas

En un valle rodeado por dos altas montañas vivía un anciano. El apodo que le habían puesto sus vecinos era Viejo Loco, porque siempre estaba pensando en proyectos imposibles. Un día, el Viejo Loco se cansó de tener que hacer un largo recorrido parecido a una escalada para salir de su valle. Reunió a sus familiares y les presentó el proyecto de trasladar las montañas que obstaculizaban su camino. Su hijo y su nieto se entusiasmaron con la idea y querían empezar su proyecto inmediatamente. La esposa del anciano, no quedó tan entusiasmada. Movió dubitativamente la cabeza y dijo a su marido: «Tienes noventa años. No tienes ni siquiera la fuerza de quitar un montón de tierra. ¿Cómo puedes aplanar dos altas montañas? ¿No eres un poco ambicioso? Además, ¿dónde colocarás la tierra cuando hayas allanado las montañas?». El anciano no se desanimó. Contestó: «Podemos arrojar las rocas al mar». Su hijo y su nieto estuvieron de acuerdo.

Al día siguiente, estos, juntos con el Viejo Loco, tomaron picos y palas y fueron hacia las montañas. En el camino se les unió un niño de siete años de una familia vecina. Los cuatro trabajaron desde la salida hasta la puesta de sol y no regresaron a su casa para descansar hasta que llegó el invierno.

Un hombre sabio del pueblo que supo del intento del Viejo Loco de aplanar las montañas intentó disuadir al anciano de su extravagante proyecto con estas palabras: «A tu edad deberías ser suficientemente sensato para saber que tu plan es imposible. Eres viejo y débil. Ni siquiera puedes arrancar las malas hierbas de tu huerto. ¿Qué te hace pensar que puedes mover una montaña?».

El Viejo Loco suspiró, diciendo: «Tu mente es dura como una roca. Incluso un niño de siete años es más listo que tú. ¿Acaso no puedes ver que aunque no acabe el proyecto, mi hijo y mi nieto lo continuarán? Y si ellos no pueden acabar de trasladar la montañas, sus hijos y sus nietos continuarán y después los de estos. Por otra parte, la montaña no crece. Si cada generación continúa erosionando la montaña, un día esta quedará allanada».

El hombre sabio no pudo argüir contra la lógica del Viejo Loco, así que se marchó.

El tiempo pasó, y el Viejo Loco, su hijo y su nieto continuaron cavando en la montaña. Mientras todos se reían ante su imposible proyecto, los espíritus de la montaña empezaron a preocuparse. Vieron que el Viejo Loco estaba decidido, y la montaña no tenía en absoluto que ser allanada, ni siquiera en un futuro remoto.

Alarmados, acudieron ante los señores del cielo y los informaron de su preocupación. A los dioses les entró la curiosidad y les divirtió el intento del Viejo Loco de mover las montañas, pero cuando vieron su paciencia y su determinación, decidieron ayudarle. Una noche enviaron a dos gigantes para trasladar la montaña, una hacia el este y la otra hacia el sur. Al día siguiente, cuando la gente miró por las ventanas de sus casas, las montañas que habían obstaculizado su camino habían milagrosamente desaparecido.

49
El hombre que intentaba atrapar el Sol

Había un hombre que se enorgullecía de ser un gran corredor. Un día decidió competir con el recorrido del Sol a través del cielo, así que persiguió al Sol hasta el atardecer.

Para entonces estaba totalmente sediento. Fue en búsqueda de agua y encontró el río Amarillo y el río Wei. Después de secar los dos ríos, continuaba teniendo sed, así que se encaminó a un gran pantano que se hallaba hacia el norte. Antes de poder alcanzarlo, murió de sed y cayó al suelo. El bastón que había llevado absorbió la carne de su cuerpo en descomposición y se convirtió en un gran bosque.

Las personas que están orgullosas de sus capacidades tienden a querer llevarlas al límite. Si te esfuerzas hasta el límite, intentarás competir con todo. Y si compites con todo, un día perderás, lo mismo que el hombre que persiguió el Sol.

50
El País del Norte

Yu, el rey-chamán, dijo: «Dentro del cielo y de la tierra y de las cuatro direcciones, en la profundidad de los cuatro mares, todo está mantenido por el Sol y la Luna, rodeado por las estrellas del cielo, regulado por las cuatro estaciones y gobernado por la Estrella del Año. Las cosas que proceden del Gran Espíritu difieren en forma y tamaño. Algunas tienen larga vida y otras mueren accidentalmente. Solo los iluminados entienden el orden natural de las cosas y ven su lugar en el universo».

El sabio Hsia-chi dijo: «Hay cosas que no necesitan que el Gran Espíritu las haga y sin embargo existen. No necesitan que las energías del yin y del yang las nutra, ni que el Sol ni la Luna las ilumine. No necesitan protección para vivir una larga vida, ni mueren de muerte accidental. Se mantienen calientes sin vestidos, son saciadas sin necesidad de cereal y pueden viajar sin barcas ni vehículos. Este es el orden natural de las cosas».

Posteriormente, cuando Yu estaba colaborando en la lucha contra la Gran Inundación, extravió su camino y se encontró en un remoto país del norte. Cuando preguntó a sus habitantes que dónde estaba, le contestaron que se hallaba en el País del Norte, a mil leguas de su hogar.

Muy pronto Yu encontró que había muchas cosas extraordinarias en ese país. Las personas no tenían ninguna idea de dónde se encontraban sus fronteras. Donde vivían no había tormentas ni nieve, animales salvajes ni bosques. Habitaban en una gran planicie de extensas praderas. En medio, había una montaña en forma de yugo, en cuya cima se encontraba un manantial. Sus aguas eran dulces y fragantes y discurrían montaña abajo a través de cuatro arroyos claros y saltarines que proporcionaban agua a todo el país. Estos arroyos regulaban el clima y neutralizaban los gases venenosos.

Sus habitantes eran bondadosos y amables. Sus cuerpos eran blandos, sus mentes claras y sus corazones estaban abiertos. Todo el mundo vivía en armonía. No había disputas, ni celos, ni orgullo. Los ancianos vivían con los jóvenes. No había políticos ni líderes. Hombres y mujeres se mezclaban con libertad, y no existían convenciones sociales como el noviazgo o el matrimonio. Todos vivían cerca del agua y no tenían necesidad de cultivar cosechas ni tejer ropa para vestirse. La gente moría de forma natural después de haber vivido cien años. Nadie moría a causa de enfermedad o accidente. Todos vivían felices y satisfechos sin conocer la ansiedad, la pena, la vejez, la muerte o el dolor.

Los habitantes de ese país también eran amantes de la música y de las canciones. Bailaban y cantaban todo el día, y cuando estaban cansados o sentían hambre, todo lo que tenían que hacer era beber de las dulces aguas del manantial mágico y volvían a sentirse llenos de energía. Si bebían demasiado, dormían durante diez días. Si se bañaban en esas aguas, su cuerpo se renovaba de energía y durante muchos días llevaban consigo la fragancia de las aguas.

Cuando el emperador Mou de Chou prosiguió su viaje espiritual, visitó este País del Norte y permaneció allí tres años. Después de regresar a su hogar, pensaba frecuentemente en ese país, y estaba tan obsesionado con sus pensamientos que no podía comer ni dormir.

Ese país era tan extraordinario que Kuan-chung, el consejero del rey de Chi animó a que su señor lo visitase. Los dos hombres estaban a punto de partir para ese país fabuloso cuando otro ministro aconsejó al rey lo contrario: «Mi señor, ¿por qué viajar a un país extranjero cuando tenéis todo en vuestro propio país? Contemplad el reino de Chi. Nuestras montañas y ríos son hermosos, nuestros valles son amplios y nuestros habitantes felices. Nuestra tierra produce cosechas abundantes y no carecemos de nada. Vuestra corte brilla por su esplendor, vuestros ministros son leales, vuestros soldados fuertes y vuestros súbditos cultivados. Todo lo que podríais desear lo tenéis aquí en vuestro hogar. ¿Por qué queréis viajar a países que se hallan en los límites de nuestra civilización? Kuan-chung debe estar fantaseando de nuevo».

Cuando el rey le contó esto a Kuan-chung, el consejero respondió simplemente: «No es esto algo que nuestro amigo pueda entender. Temo que si no mantenemos viva nuestra búsqueda del País del Norte, nunca lo encontraremos. Respecto a la prosperidad de nuestro país, ¿por qué apegarse tanto a lo que tenemos? En cuanto a las palabras de nuestro amigo, ¿pensáis realmente que conllevan un buen consejo?».

51
Extrañas costumbres de extraños países

En los reinos del sur, los habitantes llevaban el pelo corto e iban desnudos. En los reinos del norte, sus habitantes llevaban turbantes y pieles. En las tierras del centro, sus habitantes llevaban sombreros y faldas. Las personas del reino del centro sabían cómo utilizar al máximo los recursos de la tierra. Eran campesinos, comerciantes, cazadores y pescadores. Por ello, estaban bien alimentados y bien vestidos. En invierno llevaban pieles para mantenerse calientes, y en verano se vestían de algodón para mantenerse frescos. Se desplazaban en barcas y en carretas, y no tenían que hacer mucho esfuerzo para llegar a donde querían.

En una tierra remota del sur y del este existe un país en donde es acostumbrado que sus habitantes maten al primogénito y ofrezcan su carne y su sangre para que todos los miembros de la comunidad la coman y la beban. Afirman que esta acción produce fertilidad en las mujeres. Además, cuando muere el padre, los hijos atan a su madre a la espalda del hombre muerto y abandonan a ambos en plena naturaleza. Afirman que no es adecuado vivir con la esposa de un fantasma. Cuando muere un miembro de la familia, los hijos demuestran sus obligaciones filiales cortando la piel del fallecido antes de enterrar sus huesos.

En una tierra del sur remoto existe un país en el que se considera que los hijos son buenos hijos solo si queman los cuerpos de sus padres muertos. Cuando el humo se eleva desde la pira funeraria, se dice que el alma del fallecido ha ascendido al cielo.

Todas estas costumbres son tradiciones establecidas en los países en los que se practican. Son observadas por todo el mundo y no hay nada extraño en ellas. Las llamamos bárbaras y nos extrañamos de ellas únicamente porque nosotros tenemos costumbres diferentes.

52
Las preguntas de un niño

En cierta ocasión, paseando Confucio por la plaza del mercado, vio a dos niños que parecían discutir acaloradamente. Confucio tuvo curiosidad y se acercó para preguntarles el motivo de su disputa. Uno de los niños le dijo: «Yo digo que el Sol está más cerca de nosotros cuando sale y que está más lejos a mediodía».

El otro niño replicó: «Yo digo que el Sol está más lejos cuando se levanta y más cerca a mediodía».

El primero que habló añadió: «El Sol parece más grande cuando está en el horizonte y más pequeño cuando está en lo alto del cielo. ¿No parecen las cosas más pequeñas cuando están lejos y más grandes cuando están cerca?».

El segundo niño no se desalentó y respondió: «El Sol calienta más a mediodía que cuando se levanta por la mañana. ¿No es más caliente algo cuando está cerca y más frío cuando está más lejos?».

Ambos niños acosaron a Confucio para que respondiera a sus preguntas. Confucio estaba perplejo y les contestó que no podía decirles cuál de los dos tenía razón. Los niños se rieron mientras comentaban: «Vaya, se supone que tú eres un hombre instruido, ¡y ni siquiera puedes responder a nuestras preguntas!».

53
El arte de pescar

Muchas cosas de este mundo dependen del equilibrio. Por ejemplo, un simple cabello puede mantener un peso si el equilibrio es adecuado. Ese cabello solo se rompe si desaparece el equilibrio.

La mayoría de las personas no entienden este principio del equilibrio, pero he aquí un ejemplo de alguien que lo entendió.

En el país de Chu vivía un hombre aficionado a la pesca. Hacía su hilo de pescar de seda, su anzuelo de corteza de trigo y su caña de un fino tronco de bambú. Como cebo se servía de un grano de arroz.

Uno de sus lugares favoritos de pesca era una zona de aguas profundas en un río de corrientes rápidas. Allí arrojaba su cebo y siempre volvía con un pez tan grande como su carreta. Y para colmo, su sedal no se rompía, su caña no se doblaba ni su anzuelo se partía.

El rey de Chu tenía mucha curiosidad por saber la forma en que este hombre pescaba. Así pues, lo invitó a su corte y le preguntó: «¿Cómo puedes pescar peces tan grandes con aparejos tan raros?».

El pescador respondió: «Yo he oído hablar a los antiguos sabios de un arquero que utilizaba un arco hecho con una débil vara de madera y una cuerda fina de algodón, que alcanzaba dos pájaros con una sola flecha. Podía hacerlo porque su atención estaba concentrada y comprendía el equilibrio de tensar y soltar. Yo decidí utilizarlo como ejemplo para perfeccionar mis habilidades de pesca, porque admiraba sus hazañas. Desde entonces, he desechado cualquier otra cosa y paso todo mi tiempo aprendiendo el arte de la pesca. Finalmente, después de cin-co años, fui capaz de lanzar mi sedal sin distracciones. Cuando me siento a la orilla del río, mi mente está totalmente concentrada en pescar y en nada más. Tengo una buena sensación al soltar y recoger el sedal, de forma que los peces ni siquiera se enteran de cuándo entran en el agua el anzuelo y el cebo. Para ellos, el cebo no es diferente de un grano de arena o de una burbuja, y se lo tragan sin sospechar nada. Este es el principio de servirse de lo blando para vencer lo fuerte y de lo ligero para sostener lo pesado. Majestad, si podéis gobernar vuestro país de esta forma, todas las cosas del mundo estarán al alcance de vuestra mano. ¿Acaso no es más efectivo que utilizar la fuerza?».

El rey quedó muy impresionado con el consejo del pescador.

54
Intercambiar corazones y mentes

Dos hombres que cayeron enfermos acudieron a ver al mismo médico. Este curó a los dos, pero antes de que se fueran les dijo: «Ambos padecíais una enfermedad que atacaba vuestros órganos internos. Esto es algo muy común y puede ser cuidado mediante acupuntura y hierbas. Sin embargo, existe un virus que os está atacando y que afecta vuestro corazón y vuestra mente. ¿Queréis que os cure esta enfermedad?».

Los dos hombres respondieron: «Oigamos primero algo más sobre ella».

El médico dijo entonces a uno de los hombres: «Tú tienes grandes ambiciones, pero tu fuerza de voluntad es débil. Aunque eres bueno planificando, rara vez ves los planes realizados».

Volviéndose al otro hombre, el doctor continuó: «Por otra parte, tú eres lo contrario. Tus ambiciones son pequeñas, pero tu fuerza de voluntad es grande. Por ello, tienes problemas porque haces las cosas temerariamente y sin pensarlas».

A continuación, dijo a ambos: «Si podéis intercambiar vuestro corazón y vuestra mente, los dos seréis perfectos. ¿Queréis ahora que haga algo por vosotros?».

Ambos pacientes respondieron afirmativamente.

El médico les dio una sustancia que los mantuvo inconscientes durante varios días. Después, les sacó cuidadosamente el corazón, los intercambió y aplicó una hierba mágica de forma que cuando ambos se despertaron no quedaba ninguna señal física de cirugía.

Mientras los dos hombres se encaminaban a sus respectivas casas estaban encantados, pero en el momento en que entraron en ellas empezaron los problemas. El primer hombre había ido a la casa del segundo y no había sido reconocido por la esposa y los hijos de este. El segundo hombre había ido a la casa del primero y le había ocurrido lo mismo. Ambas familias estaban enojadas y frustradas. Acudieron a los tribunales para resolver el asunto y solo aceptaron las circunstancias cuando el médico les explicó toda la situación.

Nadie ha nacido perfecto y, aunque la ciencia o la tecnología puedan hacer maravillas, resolver un problema puede crear otro. Por ello, es mejor aceptar lo que somos y no querer ser otro, porque cada persona tiene su propio valor.

55
El músico Wen aprende a tocar el laúd

Hace mucho tiempo había un músico que podía encantar a pájaros y peces haciéndolos bailar con su música. Un músico que tocaba el laúd llamado Wen, del reino de Cheng, oyó esta historia y quiso adquirir esa habilidad. Así pues, abandonó a su familia y se fue a estudiar con el maestro músico Hsiang.

Durante mucho tiempo, Wen no pudo tocar nada. Sus dedos se agarrotaban y cada vez que tomaba el laúd no era capaz de tocar. Después de tres años no había aprendido nada. «Deberías volver a tu casa», le dijo el maestro.

Wen puso su laúd en el suelo, asintió, y dijo: «No es que no haya aprendido ninguna canción o que no pueda afinar mi instrumento adecuadamente. Lo que ocurre es que no puedo tocar desde mi corazón y por ello la música nunca se ha convertido en parte de mí. Esta es la razón por la que no me puedo animar a tocar. Déjame descansar un poco y veamos qué ocurre».

No mucho después, Wen volvió a su maestro.

«¿Cómo te va con tu música?», le preguntó el maestro.

«Creo que he dado un salto adelante. Déjame que te lo muestre».

Wen tomó el laúd y con suavidad acarició la cuerda llamada Otoño. Aunque era primavera soplaba un viento fresco, y las hojas crujían mecidas por la brisa de otoño, y el cielo estaba brillante y sin nubes. Después, en otoño, tocó la cuerda llamada Primavera y se produjo una suave brisa. Cayó una lluvia cálida y se abrieron las flores. En medio del verano, Wen tocó la cuerda llamada Invierno, y de repente cayó la nieve y los ríos se helaron. Cuando llegó el invierno, tocó la cuerda llamada Verano. Inmediatamente brilló el sol con fuerza, desapareció la nieve y se fundió el hielo de los ríos.

Finalmente, cuando tocó la última cuerda junto con todas las demás, sopló una brisa refrescante, aparecieron flotando nubes celestes, cayó un dulce rocío en el suelo y brotaron manantiales fragantes.

El maestro músico Hsiang se golpeó el pecho exclamando: «Tu música supera con mucho cualquier palabra que pueda describirla. Los mejores músicos tendrán que aprender de ti a partir de ahora».

Wen ya era un buen músico en la época en que acudió a estudiar con Hsiang, pero se percató de que la perfección solamente de la técnica no producía una gran música. Cuando fue finalmente capaz de disolver la dualidad entre sí mismo y la música, las canciones que tocaba no solo tenían el poder de crear estados de ánimo, sino que literalmente cambiaban la realidad.

56
Cuando cantaba Han-erh

Había un músico que estaba aprendiendo con un maestro cantor, pero antes de haber acabado su formación decidió que ya dominaba todas las habilidades que su maestro podía ofrecerle. Lleno de confianza en sí mismo, pidió que le diera el título para poder volver a su casa.

Su maestro no respondió a su petición y, en el día señalado para ello, celebró una fiesta tras la ceremonia para los discípulos que se graduaban. Cuando todo el mundo estaba sentado alrededor de la mesa, el maestro cantor empezó a entonar una canción triste, marcando el ritmo con un pequeño tambor. Su voz sacudió las hojas de los árboles y silenció las nubes pasajeras. El impetuoso y joven estudiante se dio cuenta entonces de lo pretencioso que había sido al pensar que ya lo había aprendido todo de su maestro. Inmediatamente se disculpó y pidió ser aceptado de nuevo. «Permaneceré como discípulo tuyo el resto de mi vida», dijo a su maestro.

El maestro cantor narró entonces una historia para que todo el mundo la oyera. Estas fueron sus palabras:

«Había una vez una mujer llamada Han-erh que se quedó sin dinero cuando estaba viajando hacia el país oriental de Chi. No tuvo más remedio que cantar en una taberna local para ganarse su sustento. Cuando se iba, el sonido de su voz reverberaba en la habitación durante tres días y la gente creía que ella estaba todavía por allí.

»Posteriormente, Han-erh permaneció en una posada en la que el propietario ridiculizaba sus costumbres extrañas. Esto hizo que Han-erh se llenara de nostalgia y un día cantó espontáneamente una canción que hablaba de tristeza y añoranza. Su voz recorrió la ciudad e hizo que a todos se les saltaran las lágrimas. Sus habitantes quedaron tan afectados por la tristeza de la canción que no pudieron comer durante tres días. Entonces enviaron a alguien ante Han-erh para invitarla a quedarse con ellos.

»Han-erh dio una larga nota y después cantó una canción de alegría. Al instante, todos los habitantes de la ciudad empezaron a bailar y a reír y olvidaron que unos momentos antes habían estado tristes. Han-erh permaneció con ellos por un periodo de tiempo y, cuando se marchó, la ciudad la despidió con muchos y ricos presentes. Hasta la actualidad, los habitantes de esa ciudad son famosos por su canto, ya que captaron algo del arte de Han-erh mientras vivió con ellos».

57
Espíritus afines

Po-ya y Chung Tse-chi eran buenos amigos. Po-ya era un buen tocador de laúd y su amigo era un oyente intuitivo.

Cuando Po-ya ponía su mente en las altas montañas mientras tocaba, Chung Tse-chi exclamaba: «¡Puedo sentir la grandeza de las Grandes Montañas!».

Cuando Po-ya pensaba en las aguas que fluían mientras tocaba, su amigo exclamaba: «¡Qué profundo y ancho es el río Amarillo y el Yangtsé!».

Parecía que, con independencia de lo que tuviera Po-ya en su mente y que él expresaba en su música, su amigo compartía los mismos sentimientos inmediatamente.

En cierta ocasión los dos amigos fueron a pasear por las laderas septentrionales de las Grandes Montañas cuando se desencadenó una tormenta de lluvia. Encontraron cobijo en una cueva y, mientras esperaban a que amainase la lluvia, Po-ya tomó su laúd y tocó. Al ver la niebla y la lluvia ocultando las montañas, a Po-ya le embargó un sentimiento de tristeza y compuso una pieza sobre la incesante lluvia y la niebla que subía. Después cambió su estado de humor e improvisó una canción que describía el esplendor de una avalancha precipitándose montaña abajo. En cada pieza que tocaba, Chung Tse-chi podía captar el sentimiento de la música de Po-ya sin fallar. Su estado de ánimo y de mente era idéntico al del músico.

Po-ya dejó de lado su laúd y suspiró: «Esto es mucho más que todo lo que podría esperar. Puedes leer mi mente escuchando mi música. Desde ahora, ¿cómo podré ocultarte algo?».

Po-ya y Chung Tse-chi no solo eran buenos amigos, sino también espíritus afines. Podían captar su mente recíprocamente, no solo porque uno era un buen músico y el otro un oyente intuitivo. También porque habían disuelto las barreras que los separaban entre sí, y la música era simplemente un puente que permitía que su mente y su corazón respectivos pudieran comunicar.

58
¿Artificial o real?

El rey Mu de Chou estaba visitando la región occidental de su país y llegó hasta las montañas Kun-lun, antes de iniciar el regreso. En el camino hacia la capital, sus oficiales le presentaron a un hombre que tenía fama de ser un habilidoso artesano.

El rey recibió al artesano en su tienda y le dijo: «Háblame de tus habilidades».

El artesano respondió: «Puedo hacer cualquier cosa que queráis, pero dejadme mostraros algo que ya acabo de terminar».

El rey Mu dijo: «Tráemelo la próxima vez que vengas».

Dos días después el artesano solicitó ver de nuevo al rey. El rey vio que había traído a alguien con él, así que preguntó: «¿Quién es ese hombre que has traído contigo?».

Dijo orgullosamente el artesano: «Es mi creación; puede hablar, cantar y bailar»,

El rey quedó al mismo tiempo fascinado y sorprendido. La figura que se hallaba ante él caminaba enérgicamente de un lado a otro y, sin duda alguna, tenía todos los rasgos de un ser humano.

El artesano presionó las mejillas de su compañero, y este empezó inmediatamente a cantar. Cuando estrechó su mano, comenzó a bailar al ritmo de la canción. A continuación, el artesano hizo que su «creación» efectuara toda clase de trucos, que el rey disfrutó enormemente. Los movimientos y gestos de la figura eran tan reales que el rey pensó que era una auténtica persona.

El rey dispuso que este «hombre» talentoso diera un espectáculo e invitó a que asistieran a él a su cortesana favorita y a otras mujeres a su servicio. Cuando el espectáculo estaba a punto de terminar, el hombre artificial lanzó miradas sugestivas a las mujeres que se sentaban alrededor del rey.

El rey Mu se percató y se consideró ultrajado. Entonces, convocó al artesano y le gritó enojado: «¡Cómo te atreves a mentirme diciendo que has creado a este hombre! Ha tenido el descaro de flirtear con mis cortesanas. Te haré ejecutar por esto».

Aterrorizado, el artesano se acercó inmediatamente al hombre artificial y abrió su cuerpo rompiéndolo. Desarmó la cabeza, los brazos y las piernas y mostró las piezas al rey. El rey las examinó y vio que estaban hechas de madera y que estaban ensambladas por cuerdas y goma. El artesano vació a continuación la parte interna del robot y el rey vio que, aunque los órganos internos parecían reales, también estaban hechos de materiales inertes y pintados con los colores apropiados. Dientes, huesos, músculos, tendones, articulaciones, piel y pelo eran artificiales. Sin embargo, cuando estas partes se unían, parecía una persona viva.

En ese momento, al rey le acrecentó aún más la curiosidad. Volvió a examinar el robot y probó a quitarle el corazón. Cuando el corazón estuvo fuera, el robot perdió su habla. A continuación, el rey le quitó el hígado y el robot perdió su vista. Cuando le quitó los riñones, no pudo caminar. El rey quedó finalmente satisfecho. Suspiró y dijo: «¿Cómo es posible que la habilidad humana pueda producir algo que puede igualarse con lo que es creado por el cielo y la tierra?».

El rey hizo que se cargase el robot en un carro e invitó al artesano a regresar con él a la capital.

La gente solía considerar como obras de una gran habilidad la escalera de Kung-shu Pan que alcanzaba las nubes y la máquina voladora de Mo-tse. Pero cuando se extendió la noticia del hombre artificial, esos dos artesanos de talento ya no se atrevieron a vanagloriarse nunca más de sus inventos.

Volviendo al robot del rey Mu, ¿podemos realmente afirmar que era artificial? El robot estaba hecho de materiales encontrados en la naturaleza: cuero, corteza y cáñamo. Los seres humanos también están hechos del mismo material que la naturaleza, ya que todas las cosas surgen de la reunión de los vapores yin y yang y deben su existencia al aliento primordial del Tao. El que sea algo real o artificial depende de cómo consideremos los materiales de los que están hechos. Si es así, como personas «reales», ¿qué es lo que nos hace más privilegiados que a las demás cosas de la creación?

59
Aprendiendo el arte del tiro con arco

Fei-wei aprendió el arte del tiro con arco de uno de los más grandes arqueros de la época. Se decía que cuando su maestro tensaba su arco, los animales se quedaban quietos en el suelo y los pájaros se caían del cielo. Fei-wei aprendió todo lo que su maestro pudo enseñarle y posteriormente lo superó en habilidad.

Un hombre llamado Chi-chang oyó hablar de la maestría de Fei-wei con el arco y le rogó que le dejara ser su discípulo. Él esperaba que un día también sería capaz de superar a su maestro en su arte.

Fei-wei dijo al posible discípulo: «Primero tienes que entrenar tu ojo para que no pestañee bajo ninguna circunstancia. Vuelve cuando lo hayas logrado».

Chi-chang grabó estas palabras en su mente y regresó a su casa. Día tras día permanecía detrás del telar de su esposa con los ojos cerca de las agujas que subían y bajaban cuando el pie de ella pisaba el pedal. Después de tres años se había entrenado para no pestañear ni siquiera cuando las agujas estaban casi a punto de atravesarle los ojos.

Entusiasmado por su éxito, Chi-chang corrió hacia Fei-wei y le contó su progreso. Fei-wei se limitó a decir:

«Simplemente acabas de empezar a aprender. La próxima tarea que tienes que realizar es entrenar tu ojo para mirar pequeños objetos hasta que parezcan grandes, y objetos borrosos hasta que parezcan claros. Vete y practica. Cuando lo hayas logrado, puedes volver a verme».

Chi-chang regresó de nuevo a su hogar y comenzó la siguiente fase de su entrenamiento. Cogió una pulga y la colgó de una ventana que daba al sur. Todos los días miraba fijamente a la pulga mientras el sol le daba a él directamente en los ojos. Diez días después, la pulga parecía haber crecido de tamaño. Tres años después, la pulga parecía tan grande como una rueda de un carro. Para entonces, cuando Chi-chang miraba otras cosas de la misma forma, las veía como colinas y montañas. Tomando un arco hecho de cuerno y una flecha hecha de hierba del norte, Chichang apuntó y disparó. La flecha atravesó el corazón de la pulga sin romper la hebra de cabello de la que colgaba.

Cuando Chi-chang contó esto a Fei-wei, el maestro arquero dio una palmada diciendo: «Maravilloso. Ya has entendido todo sobre el tiro con arco. Ahora estás preparado para aprender».

No mucho después, Chi-chang aprendió todo lo que Fei-wei pudo enseñarle. Regresó a su hogar pensando: «Ahora mismo, la única persona que puede rivalizar con mi habilidad es mi maestro. Si lo mato, seré el mayor arquero vivo».

Un día, Chi-chang encontró a Fei-wei en un camino desierto. Viendo su oportunidad para matar a su antiguo maestro, tensó su arco y lanzó una flecha hacia Fei-wei. Casi simultáneamente, el maestro tensó su arco. Las dos flechas entrechocaron a la misma distancia entre los dos hombres y cayeron al suelo sin levantar la más leve mota de polvo. Rápidamente, Chi-chang disparó varias flechas hacia Fei-wei, y en cada ocasión las flechas fueron detenidas a mitad del camino.

Finalmente, a Chi-chang le quedaba solo una flecha y el carcaj de Fei-wei estaba vacío. «Esta es mi oportunidad de matarlo», se dijo para sí Chi-chang. Así pues, tensó su arco y dejó partir su última flecha. Fei-wei agarró tranquilamente una rama de espino y, utilizándola como flecha, detuvo la flecha de Chi-chang a medio camino.

Al ver esto, ambos hombres dejaron caer al suelo sus arcos. Con lágrimas en los ojos, se inclinaron saludándose mutuamente. Tan grande era su respeto recíproco que prometieron en el acto convertirse en padre e hijo. No queriendo que sus habilidades fueran causa de celos y traiciones en las generaciones futuras, se hicieron cortes en los brazos y juraron no revelar jamás los secretos de su técnica a nadie.

Chi-chang era orgulloso y ambicioso y quería ser el mejor. Sin embargo, fue conmovido por la maestría de Fei-wei y se dio cuenta de que lo que había visto era la mayor proeza del arte del tiro con arco. Fei-wei también quedó impresionado ante la inteligencia de Chi-chang y su determinación para lograr lo que se había propuesto hacer. Se dice que la cima del logro es un lugar solitario y que a veces los rivales pueden entenderse y apreciarse entre sí más que los amigos. Así pues, no es infrecuente que los mayores rivales puedan convertirse en los mayores amigos.

60
Tsao-fu aprende a conducir

Tsao-fu se hizo aprendiz de un famoso auriga de carros cuya habilidad era legendaria. Durante muchos años, Tsao-fu sirvió a su maestro humildemente, pero no recibió ninguna enseñanza. Esto no desanimó al aprendiz. De hecho, Tsao-fu mostraba cada vez más respeto y diligencia en atender las necesidades de su maestro.

Finalmente, impresionado por la sinceridad de Tsao-fu, el maestro auriga dijo a su discípulo: «Los antiguos dicen que un maestro constructor de arcos empieza haciendo cestas y que un maestro herrero empieza haciendo martillos. Obsérvame ahora cuidadosamente. Si puedes obtener el mismo estado de cuerpo y espíritu en el que estoy, serás capaz de conducir un carro».

«Seguiré tus instrucciones cuidadosamente», respondió Tsao-fu.

El maestro tomó entonces varios postes, suficientemente recios para que pudieran mantenerse en pie y los hundió en el suelo. Los postes estaban dispuestos a un paso de distancia entre sí. A continuación, el maestro auriga saltó a uno de los postes y caminó de uno a otro, yendo entre ellos con rapidez y toda facilidad.

Le dijo a Tsao-fu: «Practica el correr sobre los postes y cuando tengas un completo dominio de esta práctica te daré más instrucciones».

A los tres días, Tsao-fu fue capaz de correr sobre los postes sin tropezar ni caerse. Su maestro hizo un gesto de asentimiento diciéndole: «Eres ágil y aprendes rápido. Permíteme ahora que te hable de la conducción de un carro. Todos los aurigas deben empezar aprendiendo cómo correr sobre los postes. Aunque te parezca que estás entrenándote a ser ágil en el andar, en realidad estás entrenando tu cuerpo a responder a las órdenes de tu mente. Esta es la clave para conducir un carro.

»Tensar y liberar las riendas estarán en armonía con tu intención. Si tus dedos y las palmas de tus manos responden de forma natural a tu voluntad, podrás transferir tu intención directamente a cada caballo de la cuadriga. Esta responderá a la más mínima retención o aflojamiento en cualquier dirección, y podrás guiar el carro hacia delante o hacia atrás y girar a la izquierda o a la derecha sin ningún esfuerzo. Tu cuerpo responde a tu mente, las riendas responden a los movimientos de tu cuerpo y los caballos responden a la presión de las riendas. De esta forma, sin gastar ninguna energía, puedes conducir un carro durante largas distancias sin sentirte cansado. Cuando esto suceda, sabrás que has dominado este arte».

Después de una pausa, el maestro auriga continuó: «Permíteme ampliar lo que acabo de decir: cada caballo que tira del carro tiene un bocado y una brida. Así, la sensación del movimiento del caballo es comunicada a través del bocado a la brida, y de la brida a las riendas, de las riendas a tus manos, de tus manos al resto de tu cuerpo y de tu cuerpo a tu mente. Cuando comunicas tu intención a los caballos, se trata simplemente de esta secuencia de órdenes al revés. Por tanto, con solo tu intención puedes controlar tu cuadriga y obtener señales de los movimientos de los caballos. De esta forma, puedes conducir sin servirte de los ojos y nunca necesitas utilizar un látigo. Cuando tu mente está clara y tu cuerpo relajado, puedes controlar seis bridas sin confusión y veinticuatro cascos pisarán donde tú quieras. Entonces, las ruedas de tu carro girarán hacia delante y hacia atrás, hacia la izquierda y hacia la derecha con precisión y control. Podrás conducir por pistas de montaña con la misma facilidad que por terrenos llanos. Tu conducción será exactamente igual tanto si tus caballos marchan al borde de un precipicio como si corren sobre praderas en llano. Esto es todo lo que tengo que enseñarte, ¡así que recuérdalo bien!».

La agilidad del cuerpo y la tranquilidad de la mente son los requisitos para que la intención se comunique de forma natural. Un cuerpo rígido cuyos miembros no cooperen entre sí no pueden responder a la intención por muy clara y tranquila que esté la mente. Del mismo modo, un cuerpo ágil actuará únicamente con confusión si la mente no está en calma.

En consecuencia, para alcanzar el máximo nivel de cualquier capacidad, tanto el cuerpo como la mente deben entrenarse de forma simultánea.

61
La venganza de Lai-tan

Al padre de Lai-tan lo mató Hei-luan en una pelea. Lai-tan juró que encontraría al asesino y vengaría la muerte de su padre.

Aunque Lai-tan poseía un carácter intrépido y una intensa perseverancia, era tan descarnado como un fantasma. Su estómago solo podía contener un puñado de arroz, y estaba tan débil que un viento fuerte podía arrastrarlo y hacerlo caer. Por ello, a pesar de su intención de vengar la muerte de su padre, Lai-tan era incapaz de manejar cualquier tipo de arma. Sin embargo, tenía sentido del honor y pensó en contratar a alguien para que luchase por él. Día y noche se corroía por dentro, avergonzado de su debilidad y enojado por no poder hacer nada.

Como si las cosas no fueran ya suficientemente adversas, Hei-luan, el asesino del padre de Lai-tan, era un hombre muy fuerte y violento. Hei-luan podía manejar las espadas más pesadas y luchar contra cien hombres sin armas en las manos. Además, tenía una piel áspera como la corteza de un árbol que no dejaba penetrar ninguna espada ni lanza. Hacía gala de sus habilidades parando golpes de espada con su cuello o deteniendo flechas a pecho descubierto. Las espadas y las flechas se rompían sin dejar ni un solo rasguño en su cuerpo. Por esta razón, se burlaba y se reía de Lai-tan, llamando al pobre hombre pollo indefenso.

Un día, un amigo de Lai-tan le dijo: «Hei-luan se comporta como si fueras un excremento. ¿Qué vas a hacer al respecto?».

Lai-tan quedó todavía más deprimido y respondió a su amigo: «No sé qué es lo que voy a hacer. ¿Tienes alguna sugerencia?».

Su amigo le propuso: «He oído que en el país de Wei hay un noble que tiene una espada mágica. La espada es tan poderosa que puede vencer a todo un ejército aunque sea manejada por un niño. ¿Por qué no le pides que te la preste?».

Lai-tan siguió el consejo de su amigo y viajó al país de Wei. Rogó al noble que le ayudase y le ofreció a cambio ser su siervo. A continuación, le explicó su situación, le pidió que le prestase la espada mágica, y le prometió dejar a su esposa y a sus hijos como rehenes en las propiedades del noble mientras él iba en búsqueda del asesino.

El noble escuchó las peticiones de Lai-tan y quedó impresionado con la determinación del joven para superar infortunios aparentemente insuperables. Así pues, le respondió: «Tengo tres espadas mágicas, pero ninguna de ellas puede matar. Te prestaré una para vengar la muerte de tu padre. Pero antes de que escojas, permíteme que te describa las características de cada una de estas espadas.

»La primera espada se llama la Luz Invisible. No tiene forma, por tanto no puedes verla. No tiene peso, de modo que no la puedes sentir cuando la empuñas. No deja ninguna marca cuando corta, y puede trocear el cuerpo de la víctima sin que siquiera esta se dé cuenta.

»La segunda se llama la Espada de Sombra. Si tomas esta espada y la pones a contraluz al amanecer o al atardecer, apenas la puedes ver. Si corta algo, produce una especie de silbido. Cuando atraviesa un cuerpo, la víctima no siente ningún dolor.

»Mi tercera espada se llama la Espada de la Noche. A la luz del día, solo puedes ver su sombra, pero no su resplandor. Por la noche, puedes ver su brillo, pero no su forma. Cuando corta, oyes un restallido. La herida que hace se cierra inmediatamente sin verter sangre. La víctima solo siente un ligero dolor cuando la espada le produce un corte.

»Yo he heredado estas tres espadas, que han pasado por trece generaciones de mi familia. Nunca han sido utilizadas y todavía se hallan guardadas en el interior de estuches especiales».

Lai-tan pidió prestada la Espada de la Noche.

El noble le comunicó entonces que se requería efectuar un ritual especial para romper el sello que guardaba la espada. Ayunó durante siete días, realizó los rituales adecuados de purificación y sacó la espada de su estuche en plena noche. Le pasó la espada a Lai-tan y le comunicó que no era necesario que dejase a su esposa y a sus hijos como rehenes. Lai-tan hizo una reverencia de agradecimiento y partió en búsqueda de Hei-luan.

Cuando Lai-tan llegó a la casa de Hei-luan, lo encontró solo y bebido. Viendo su oportunidad, levantó la espada y acuchilló a Hei-luan sin esfuerzo tres veces desde el cuello hasta el pecho. Al ver que Hei-luan no se había movido, Lai-tan pensó que lo había matado y se apresuró a salir. Cuando estaba en la puerta, corrió hacia donde se hallaba el hijo de Hei-luan. Alzó velozmente la Espada de la Noche y lo golpeó tres veces. De nuevo sintió como si atravesase simplemente el aire.

El hijo de Hei-luan sonrió cordialmente y preguntó a Lai-tan: «Eres un hombre extraño. ¿Por qué agitas de este modo tu mano sobre mí?».

Lai-tan sabía que su espada no podía matar, así que suspiró y se marchó.

Cuando Hei-luan se despertó, gritó a su esposa: «¿Por qué no me tapaste cuando me quedé dormido? Ahora me duelen la garganta y el pecho».

Su hijo le dijo entonces: «Padre, cuando llegué ayer a casa, encontré a Lai-tan en la puerta. Agitaba su mano hacia mí de una manera extraña y después se marchó. Ahora me duelen el cuerpo, los brazos y las piernas. ¿Crees que nos ha lanzado alguna maldición?».

Lai-tan no mató a Hei-luan, pero logró su venganza. No importaba que Hei-luan no muriese. Para Lai-tan, todo lo que importaba era que había empuñado una espada y golpeado al asesino de su padre con sus propias manos. La Espada de la Noche era sin duda una poderosa espada. No solo no mataba ni hería, sino que había ayudado a Lai-tan a disipar su cólera y a sentir que había alcanzado su meta. Si hubiera utilizado una espada ordinaria para vengar a su padre, hubiera matado a Hei-luan y a su hijo. La familia de estos habría entonces intentado vengarse, y las matanzas se hubieran perpetuado durante muchas generaciones al intentar una familia vengarse de la otra.

SEXTA PARTE
ESFUERZO Y DESTINO

Introducción

El campesino depende de la clemencia del tiempo, el mercader de la economía, el artesano de la aplicación oportuna de sus habilidades y el político de la opinión pública. En agricultura hay periodos de abundancia y periodos de escasez. En los negocios y en el comercio hay momentos excelentes y recesiones. El éxito de la creación y manufactura de productos depende de la demanda del mercado. La popularidad del gobierno depende de las preferencias políticas. No existe ninguna profesión que garantice el éxito. El éxito y el fracaso depende de la oportunidad, que no podemos controlar ni predecir. A esto es a lo que Lie Tse llama destino.

La oportunidad puede construir o destruir una carrera. Una persona de talento puede no realizar nunca su potencial si no tiene las oportunidades adecuadas. Por otra parte, alguien con una capacidad media puede elevarse hasta obtener una gran fama y fortuna si el momento es adecuado. Por ello, la buena y la mala suerte dependen del destino.

El que alguien sea afortunado o desafortunado también depende de cuándo se valore la situación. Así, algo que puede parecer desafortunado ahora puede en realidad ser beneficioso a largo plazo, y viceversa. Puesto que ignoramos lo que dura el «largo plazo», es imposible afirmar si algo es afortunado o desafortunado.

Además, considerar algo como buena o mala suerte depende de la visión de cada cual. Es normal que las personas que están menos apegadas a las circunstancias externas sean menos propensas a etiquetar algo como buena o mala suerte. Nuestra empatía con las desgracias de otras personas se basa en el presupuesto de que, si nos sucedieran las mismas circunstancias, nos sentiríamos mal y querríamos ser compadecidos. Por ello, la empatía puede basarse en la autocompasión más que en la compasión hacia los demás.

En función de todo esto, Lie Tse nos pregunta: ¿Cómo podemos estar tan apegados al éxito y al fracaso, a la buena y a la mala suerte? También: ¿Por qué hacemos tantos esfuerzos en pos de lo que consideramos actualmente como éxito o fortuna? Lo que puede ser beneficioso ahora puede ser dañino después. Y lo que es doloroso ahora, ¿quién puede afirmar que no será benéfico en el futuro?

62
El Esfuerzo discute con el Destino

Un día, el Esfuerzo dijo al Destino: «Mis logros son mayores que los tuyos».

El Destino no estuvo de acuerdo y desafió inmediatamente al Esfuerzo: «¿Qué es lo que has hecho para afirmar que tus logros superan los míos?».

El Esfuerzo respondió: «El que alguien viva una larga vida o muera joven, sea rico o pobre, triunfe o fracase depende de mí».

El Destino respondió inmediatamente: «La inteligencia del viejo Peng no podía compararse con la de los emperadores Yao y Shun, sin embargo vivió una vida larga y saludable. Por otra parte, Yen-hui, el mejor discípulo de Confucio, murió cuando tenía dieciocho años. La virtud de Confucio superaba con mucho la de los señores feudales, pero, en comparación con ellos, es pobre. El emperador Shang-tsou era cruel e inmoral, sin embargo vivió una próspera y larga vida. Por otra parte, sus ministros que eran virtuosos tuvieron muertes violentas. Había un hombre que sacrificó su propia fortuna para permitir que su hermano tuviera la oportunidad de ser empleado por el Señor de Cheng. Él vivió el resto de su vida pobre y anónimamente. Había, por otro lado, un hombre que no poseía virtud ni para convertirse en Señor de Chi. ¿Y qué me dices de Po-yi y de Shu-chi, que se murieron de hambre en las montañas porque no querían comprometer su integridad y su honor para servir al Señor enemigo? ¿Qué puedes decirme de los funcionarios corruptos que son ricos y de los trabajadores esforzados y honrados que son pobres?

El Esfuerzo no había previsto este aluvión de pruebas contra su afirmación. Frunció el ceño, pero el Destino continuó: «Si eres tan eficaz como dices, entonces, ¿por qué no haces ricas a las personas muy trabajadoras? ¿Por qué no les das una vida larga y próspera a las personas virtuosas? ¿Por qué no están empleadas las personas capaces e inteligentes y por qué los estúpidos ocupan puestos importantes en el gobierno?».

El Esfuerzo no tuvo nada más que añadir ante estos desafíos, así que tímidamente respondió al Destino: «Tienes razón. Después de todo, no produzco muchos efectos. Pero me atrevo a afirmar que muchas cosas suceden como suceden porque tú has ido haciendo daño, ¡torciendo el sino de la gente y disfrutando con ello!».

El Destino respondió entonces: «Yo no puedo forzar la dirección de las cosas. Simplemente les abro las puertas para que pasen. Si algo va bien, dejo que siga su camino; si algo se desvía, no lo impido. Nadie, ni tú ni yo, puede dirigir el curso de las cosas. La vida larga o breve, rica o pobre, el éxito o el fracaso, la buena o la mala suerte, todo se produce por sí mismo. ¿Cómo puedo dirigir los acontecimientos o saber siquiera cómo acabarán las cosas?».

63
Fortuna y valor

Un día Pei-kung-tse visitó a Hsi-men-tse. Los dos eran amigos, pero debido a diferentes sucesos que habían acontecido en su vida no se habían visto desde hacía mucho tiempo.

Cuando Pei-kung-tse vio a su amigo, lo primero que dijo fue:

«Crecimos juntos. Vivimos en la misma época. ¿Cómo es posible que todo parezca irte bien, pero que a mí me surjan continuamente obstáculos? Procedemos del mismo clan, pero las personas te respetan y a mí me desprecian. Como tú, tengo ojos, oídos y boca, pero la gente te saluda a ti y se aparta de mí. A veces tenemos opiniones semejantes e incluso hablamos del mismo modo, pero a ti se te escucha y a mí se me ignora. Cuando estamos juntos, a ti se te trata como a un hombre honrado, pero no se confía en mí. Cuando ambos tuvimos un puesto en el gobierno, tú fuiste promovido y yo fui asado. Cuando cultivamos juntos la tierra, incluso esta cooperó contigo y no conmigo. Cuando hemos hecho negocios juntos, tú hiciste beneficios y yo perdí. ¡Esto es realmente injusto!».

Pei-kung-tse continuó lamentándose de sus problemas.

«Yo llevo ropa vieja y como la misma comida que los cerdos. Vivo en una choza rota y no puedo permitirme un carro. Tú, por otra parte, llevas ropa lujosa de seda. Comes los mejores manjares, vives en una gran mansión y viajas en una carroza tirada por excelentes caballos. Me ignoras en las calles y nunca me invitas a tus banquetes o a tus viajes. ¿Es esta la forma de tratar a un amigo? ¿O acaso piensas que eres más virtuoso y que vales más que yo?».

A Hsi-men-tse no le gustó la explosión emocional de Pei-kung-tse. Así que le respondió en un tono cortante: «No sé quién es más virtuoso de los dos. Todo lo que sé es que las cosas siempre me van bien y que a ti siempre te van mal. Quizá soy más virtuoso y por ello más digno de aprecio a los ojos de los demás. En todo caso, ¡tienes las agallas de comparar tu valía con la mía! ¿Acaso no tienes ningún sentido del pudor?».

Pei-kung-tse no se esperaba esta bofetada en plena cara. Herido y rechazado, se marchó sin decir una palabra.

Camino de su casa, Pei-kung-tse se precipitó a visitar al sabio Tung-kuo. Al ver su aspecto deprimido, este le preguntó: «¿Dónde has estado? ¿Por qué pareces tan abatido?».

Pei-kung-tse le contó a Tung-kuo lo que había sucedido con ocasión de su visita a Hsi-men-tse. Tung-kuo le dijo bondadosamente: «No te sientas tan mal. Iremos a visitar a Hsi-men-tse y tendremos una charla con él».

Cuando Tung-kuo vio a Hsi-men-tse le preguntó: «¿Por qué insultas a tu amigo y hieres sus sentimientos?».

Hsi-men-tse respondió: «Pei-kung-tse afirmó que su edad, su pasado y su educación eran igual que las mías, pero mientras que yo soy rico, tengo éxito y soy respetado, él es pobre, despreciado y es un fracaso en esta vida. Yo le dije que esto se debe a que no vale tanto como yo».

Tung-kuo le dijo entonces a Hsi-men-tse: «Parece que piensas que la valía personal puede ser medida por el éxito político o social. Yo lo veo de una forma diferente. A mí me parece que tú tienes más suerte y que Pei-kung-tse realmente posee más virtud. Tú tienes éxito en la sociedad, no porque seas especialmente sabio o virtuoso, sino porque tienes suerte en todo lo que haces. Por otra parte, el fracaso de Pei-kung-tse en ser reconocido no se debe a su estupidez o a su falta de virtud. Es debido a que no tiene suerte en todo lo que hace.

»El que tengas o no suerte no es algo que tú puedas controlar. No tendrías que estar orgulloso de tener más suerte. Por otra parte, él no debería sentirse sin valía, ya que posee más virtud. Ambos estáis igualmente ciegos a causa de vuestras propias ideas sobre el mérito».

Cuando Hsi-men-tse oyó estas palabras, respondió: «Ya no tienes que hablar más. Nunca me vanagloriaré de nuevo de mi éxito».

Cuando Pei-kung-tse volvió a su casa ya nunca se sintió avergonzado de no tener mérito. Las ropas que vestía le parecían pieles y sedas lujosas. Comía alimentos simples, pero los encontraba tan sabrosos como los mejores manjares de la ciudad. Vivía en una choza y se sentía como si viviera en una enorme mansión. Cuando viajaba en su carro roto, le parecía que era la mejor carroza. Ya nunca vio la diferencia entre el honor y la desgracia, el reconocimiento y el anonimato. De esta forma, pasó el resto de su vida satisfecho.

Cuando el sabio Tung-kuo vio la transformación experimentada por Pei-kung-tse, comentó: «Durante mucho tiempo este hombre estuvo ofuscado por las quimeras de mérito y valor establecidas por las normas sociales. Pero también es extraordinario que solo necesitó una lección para deshacerse de estas falsas ilusiones. ¡Ojalá muchas más personas fueran como él!».

64
La amistad de Kuan-chung y Pao Shu-ya

Kuan-chung y Pao Shu-ya eran muy buenos amigos. Ambos habían crecido en el país de Chi y prestaban sus servicios en la corte real como maestros de los príncipes.

En aquella época, el reino de Chi se hallaba en plena agitación política. Había muchas intrigas en la capital en torno a la rivalidad entre príncipes que aspiraban a convertirse en herederos del trono. Kuan-chung aconsejó a su protegido que buscase apoyo en el reino de Lu, y Pao Shu-ya aconsejó a su príncipe que se mantuviera alejado de la capital y que esperase a que llegase su momento.

La política de la corte rápidamente se volvió peligrosa. El rey de Chi fue asesinado en un golpe de Estado por un general que, a su vez, fue muerto por sus rivales. El país se hallaba sumido en pleno caos. Tanto Kuan-chung como Pao Shu-ya aconsejaron a sus respectivos príncipes que había llegado el momento de reclamar el trono.

En una batalla librada a las afueras de la capital, se encontraron los ejércitos de los dos príncipes. Kuan-chung disparó una flecha al príncipe rival que rebotó en la hebilla del cinturón de este. Ultrajado y furioso, el príncipe volvió a su campamento, pero, al final, el ejército de Kuan-chung fue derrotado y tanto él como su señor tuvieron que huir al reino vecino de Lu. El príncipe de Pao Shu-ya entró en la capital y se convirtió en el rey de Chi. Inmediatamente, el nuevo rey condujo un ejército al reino de Lu, donde mató a su hermano. Kuan-chung se rindió, pero el otro consejero prefirió morir con su señor.

Cuando el rey regresó a la capital, Pao Shu-ya, que ya era ministro, aconsejó a su señor: «Ahora que la guerra ha acabado, podemos dirigir nuestra atención a reconstruir el país. Kuan-chung es un hombre muy capaz. Él puede ayudaros a hacer de Chi el estado más poderoso de los reinos feudales».

El rey respondió: «Él me insultó en el campo de batalla y yo tenía la intención de ordenar su ejecución».

Pao Shu-ya dijo entonces: «Un gobernante sabio no deja que sus motivos personales de rencor oscurezcan su juicio sobre la capacidad de las personas. Además, un buen gobernante siempre piensa en el bienestar de su país primero y en sus necesidades personales después. Si queréis que Chi se convierta en un país poderoso y próspero, necesitáis la ayuda de Kuan-chung».

El rey tenía un gran respeto por su anterior tutor, así que aceptó el consejo de Pao Shu-ya. Ordenó que Kuan-chung fuera sacado del campo de prisioneros que se hallaba fuera de la ciudad y que fuese conducido a la corte. Pao Shu-ya acudió personalmente al encuentro de su amigo y lo acompañó en su entrada a la capital.

Kuan-chung impresionó tanto al rey, que inmediatamente le otorgó la posición de primer ministro, lo cual le ponía por encima de Pao Shu-ya. Con el tiempo, aumentó la confianza del rey en Kuan-chung y posteriormente le otorgó el título de estadista mayor del reino. Así pues, Kuan-chung se convirtió en el hombre más poderoso del reino de Chi después del rey. Pao Shu-ya no estaba celoso ni resentido del éxito de Kuan-chung. Ellos continuaron siendo íntimos amigos, ya que Pao Shu-ya respetaba las capacidades de Kuan-chung y sabía que si el señor de Chi era un gobernante sabio, confiaría las más altas responsabilidades a Kuan-chung. Y este no decepcionó a su rey. Bajo su guía, el reino de Chi se convirtió en el estado más poderoso de los reinos feudales.

Kuan-chung no dejó que su éxito afectara a su amistad con Pao Shu-ya. Con frecuencia, decía: «Si no fuera por Pao Shu-ya, no estaría donde estoy hoy. Cuando éramos niños, yo siempre me quedaba con la porción más grande de todo lo que encontrábamos. Él no discutía conmigo y nunca me consideró codicioso, porque sabía que yo procedía de una familia pobre que nunca había tenido suficiente de nada. Cuando hicimos planes juntos para nuestras pequeñas empresas, Pao Shu-ya aceptó mi consejo, pero cuando las cosas no fueron bien, nunca me acusó de estupidez, ya que sabía que el éxito y el fracaso dependen frecuentemente más de la suerte que del esfuerzo. Siendo joven fui funcionario tres veces y las tres fui despedido de mi trabajo. Pao Shu-ya no pensó que yo no valía, porque sabía que las oportunidades no eran exactamente para mí. En tres ocasiones fui a la batalla y las tres veces tuve que escapar para no caer prisionero. Pao Shu-ya no pensó que yo fuera cobarde, porque sabía que yo necesitaba cuidar de mi anciana madre. En la batalla final, en la que los príncipes combatieron por el trono, cuando mi compañero, el otro consejero, decidió morir con su señor y yo me rendí, Pao Shu-ya no consideró mis acciones vergonzosas, porque sabía que el heroísmo es a veces una tontería. Por ello, aunque mis padres me dieron la vida y me alimentaron, es Pao Shu-ya quien realmente me entiende.

La verdadera amistad no consiste simplemente en observar a los amigos pasivamente e ignorar sus faltas. Pero Pao Shu-ya no recomendó a Kuan-chung al rey por querer hacer un favor a su amigo; lo hizo porque comprendía el genio de Kuan-chung en el manejo de los asuntos del Estado y no dejó que sus propias ambiciones personales impidieran que su amigo accediera a su cargo. Si Kuan-chung no hubiera sido capaz, Pao Shu-ya no lo hubiera recomendado, y Kuan-chung, a su vez, no hubiera reprochado a su amigo por no apoyarlo. Cuando Pao Shu-ya se convirtió en subordinado de Kuan-chung, no quedó resentido, ni este vaciló en aceptar el puesto, ya que sabía que Pao Shu-ya no se ofendería. Ambos eran conscientes de que, sucediera lo que sucediera en el terreno político, ello no afectaría a su amistad. En esto consiste una verdadera amistad.

Tras un largo y distinguido servicio como primer ministro en el reino de Chi, Kuan-chung cayó gravemente enfermo. El rey estaba preocupado y afligido, porque parecía que Kuan-chung no iba a recuperarse. Así pues, visitó a su ministro, se sentó cerca de su lecho y le preguntó: «Estás enfermo y no mejoras; por tanto, seré franco y directo contigo. Si un día mueres, ¿quién es el mejor para ocupar tu puesto?».

Kuan-chung no respondió; por el contrario, preguntó al rey: «¿Tenéis a alguien en mente?».

«Estoy considerando a Pao Shu-ya».

Kuan-chung aconsejó entonces al rey del siguiente modo: «Pao Shu-ya no es adecuado para el cargo de primer ministro. Tiene unas pautas morales muy elevadas y suele ser inflexible. No tolera a las personas que tienen menos virtud o capacidad que él. Si ve que alguien comete un error, no confiará en esa persona y recordará ese error el resto de su vida. Si os servís de Pao Shu-ya como primer ministro, el pueblo perderá la confianza en vos. Tarde o temprano, lo consideraréis ultrajante o él os considerará ultrajante a vos, y tendréis que hacerlo dimitir. No, Pao Shu-ya os sirve mejor donde está ahora».

«Entonces, ¿a quién me recomendarías?»

Kuan-chung respondió: «Si realmente queréis que os dé el nombre de alguien, os sugeriría Hsi-peng. Es humilde y sin ambiciones. Puede ocupar una elevada posición, pero olvidar que es poderoso. Será respetado por sus subordinados y, al mismo tiempo, no les inspirará miedo. Él no se compara con los sabios. Reconoce sus propios fallos y es paciente y tolerante. Es alguien con quien sus subordinados se sentirán a gusto de trabajar.

»Creo que estaremos de acuerdo en que el hombre que puede inspirar a los demás con su virtud es un sabio, y que el hombre que puede compartir su sabiduría con los demás es digno de respeto. Hsi-peng es precisamente ese tipo de persona. Sin embargo, un hombre que desprecia a quienes no dan la talla según sus pautas no obtendrá el respeto de los demás, y un hombre que nunca olvida ni perdona los errores de los otros no puede ganar su corazón.

»Vos no queréis que vuestro principal consejero sea alguien tan rígido sobre la virtud que todo le parezca mal. No queréis a un perfeccionista que critique y nunca anime. Idealmente, queréis a alguien que sepa cuándo resaltar los problemas y cuándo mirar a otro lado y dejar estar las cosas. Esa persona no buscará la perfección en sus subordinados, su familia o su rey. Hasta donde puedo ver, Shi-peng se acerca mucho a este ideal».

Al final, el rey de Chi siguió el consejo de Kuan-chung y nombró a Shi-peng primer ministro.

Muchas personas dirían que Kuan-chung fue duro en su valoración de Pao Shu-ya y que no recordó lo que su amigo había hecho por él. Pero Kuan-chung no era el tipo de persona que arriesgaría la seguridad de su país en aras de hacer favores personales. De hecho, Kuan-chung se percató de que la verdadera amistad no depende de los favores o de una valoración positiva. Por este motivo es por lo que fue sincero sobre las cualidades y carácter de Pao Shu-ya cuando el rey le pidió consejo. Kuan-chung estaba seguro de que su amigo entendería su franqueza y no se sentiría herido por la valoración honrada que de él había hecho ante el rey.

¿Por qué resultaron las cosas como resultaron para Kuan-chung, Pao Shu-ya y Shi-peng? No fue porque Pao Shu-ya favoreció al principio a su amigo, o porque Kuan-chung ignoró a su amigo al final de su vida, o porque Shi-peng fuese favorecido. Se debió a la amistad entre Kuan-chung y Pao Shu-ya. Ninguno de ellos podría haber actuado de otro modo. Fue por sus capacidades por lo que Kuan-chung fue elegido la primera vez y Shi-peng fue elegido como sucesor de Kuan-chung. Sin embargo, si el rey de Chi no hubiera sido un gobernante sabio y no hubiera escuchado las palabras de sabiduría y razón, ninguno de esos dos hombres hubieran sido elegidos en absoluto como primeros ministros. Si continuamos analizando la situación, podríamos seguir indefinidamente y encontrar más razones por las que un hombre fue elegido y otro no. Y concluiríamos que las cosas sucedieron así porque otras cosas hicieron que sucedieran. Por tanto, el que alguien sea favorecido o no, utilizado o desechado, no se debe a su esfuerzo o ni siquiera al esfuerzo de otra persona. Es porque muchos factores se unen para que los acontecimientos no puedan desarrollarse de otro modo.

65
¿Son la vida y la muerte una cuestión de esfuerzo o de destino?

Teng-hsi era un funcionario prominente del estado de Cheng a quien le encantaba encontrar las faltas de los demás y desempeñar el papel de abogado del diablo. Adoraba hacer afirmaciones ambiguas que suscitaran el conflicto y las disputas entre los funcionarios del gobierno.

Tse-chan era un ministro que gobernaba Cheng con puño de hierro. Preocupado por el incremento de la criminalidad en el Estado, Tse-chan promulgó un código de normas con el objeto de reforzar más estrictamente la ley y el orden. Funcionarios y ciudadanos dieron la bienvenida a esta nueva legislación, excepto Teng-hsi, que criticó a Tse-chan y su nuevo código de leyes. Estas críticas suscitaron la cólera de Tse-chan. No solo Teng-hsi lo criticaba como era habitual, sino que además sus afirmaciones hacían surgir argumentos y conflictos en las altas esferas del gobierno. En poco tiempo, los funcionarios estaban divididos: aquellos que apoyaban a Tse-chan y aquellos que estaban de acuerdo con Teng-hsi.

Un día, sin previo aviso, Tse-chan hizo detener y ejecutar a Teng-hsi.

¿Tuvo que matar Tse-chan a Teng-hsi? ¿Cometió Teng-hsi realmente un crimen tan grave como para merecer ser ejecutado? En esas circunstancias Tse-chan no tuvo elección, porque sabía lo peligroso que podía ser una influencia perturbadora para un país que siempre estaba amenazado de invasión y acosado por el desorden interno. Por otra parte, conociendo la inflexible forma de gobernar con puño de hierro de Tse-chan, ¿por qué Teng-hsi jugó al abogado del diablo creándose dificultades? Podemos también afirmar que Teng-hsi no tenía elección, porque para él era natural criticar todo lo que se hallaba bajo el sol. Así pues, no fue la responsabilidad de Tse-chan hacer ejecutar a Teng-hsi, ni la de Teng-hsi atraer su propia muerte. Las cosas no podían haber sucedido de otro modo, dadas las circunstancias y el carácter de los dos hombres.

En el orden natural de las cosas, la vida y la muerte no son algo que podamos controlar. Es una bendición estar vivo y morir en el momento justo. Vivir cuando no es apropiado vivir y morir cuando no es el momento de morir es un castigo. De igual modo, no ser capaz de vivir cuando se debe vivir y no ser capaz de morir cuando se debe morir es sufrimiento. Pero el que debamos vivir y morir en el momento justo no es algo que podamos controlar. Por el contrario, es algo que sucede en el contexto —y como consecuencia— de muchos otros acontecimientos.

Los antiguos decían que la forma en que suceden las cosas son ilimitadas e incognoscibles. Siguiendo las leyes de la transformación del cielo y de la tierra, los ciclos del cambio, libres e incesantes, llegan por sí mismos. El cielo, la tierra y todas las cosas no pueden ir contra el orden natural. La sabiduría de los sabios no puede modificarlo y los demonios no pueden escaparse de él. Todas las cosas vienen y van sin necesidad de un creador o movilizador que las haga suceder. Silenciosamente se reconoce su presencia, armoniosamente se acepta su existencia y pacíficamente se admite su partida.

66
Un médico normal, un buen médico y un médico ingenioso

El amigo de Yang-chu cayó enfermo. Sus hijos le aconsejaron llamar al doctor. Pero el amigo se negó. Después de diez días, la enfermedad iba de mal en peor. Los hijos se sentaron cerca del lecho de su padre y lloraron amargamente. Un día, Yang-chu acudió a visitar a su amigo. Encontrando toda la casa en duelo, preguntó: «¿Cuál es la causa de todos estos llantos?». Su amigo suspiró y respondió: «¡Mis hijos son muy obtusos! ¿Por qué no cantas una canción para despertarlos?».

Así pues, Yang-chu cantó:

Si el cielo lo ignora, ¿cómo pueden saberlo los mortales? Si el cielo no te bendice, llorar no te será de ninguna ayuda.

Si todos lloramos juntos,
¿acaso alargaremos la vida y espantaremos la muerte?
Ni siquiera médicos ni chamanes pueden hacer milagros.

Cuando Yang-chu acabó su canción, los hijos siguieron sin comprender. Invitaron a tres médicos a que examinaran a su padre.

El primer médico miró al enfermo y afirmó: «Estás enfermo porque el yang y el yin de tu cuerpo están desequilibrados. Te has debilitado por no comer y dormir adecuadamente, por haber tenido demasiadas relaciones sexuales y haberte preocupado de demasiadas cosas. Reposa, cuídate y te recuperarás».

El amigo de Yang-chu dijo: «Este es un médico normal, dile que se vaya inmediatamente».

El segundo médico examinó al enfermo, y este fue su diagnóstico: «Tu enfermedad es el resultado de una débil constitución debida a una nutrición insuficiente en el seno de tu madre. Aunque había suficiente leche para alimentarte cuando naciste, el daño ya estaba hecho. Tu enfermedad no vino de la noche a la mañana. Es algo que fue desarrollándose a lo largo de un cierto periodo de tiempo. Ahora no puede hacerse gran cosa.

El amigo de Yang-chu aseguró: «Este hombre es un buen médico. Invítalo a cenar».

El tercer médico ni siquiera examinó al amigo de Yang-chu. Se limitó a decir: «Tu enfermedad no ha sido causada por el cielo, el ser humano ni espíritus malignos. Cada persona está dotada de vida al nacer y el curso de esta vida no es algo que pueda ser controlado ni dirigido. Dado como han evolucionado las cosas, ni siquiera la mejor medicación puede ayudarte».

El amigo de Yang-chu quedó muy complacido con este médico y dijo: «Ofrécele un rico presente. ¡Es un médico ingenioso!».

Poco después, el amigo de Yang-chu se recuperó sin ningún tratamiento.

A veces, si valoras la vida demasiado, no la puedes conservar. Si estás demasiado apegado a tu salud, enfermarás. Sin embargo, si no te cuidas en absoluto, perderás tu salud y tu vida. La vida y la muerte, la salud y la enfermedad, el beneficio y el daño llegan por sí mismos. Deja que las cosas se desarrollen según su curso natural. No intentes hacer que sucedan ni las impidas acaecer.

67
Yang-chu habla sobre el destino

El maestro del rey Wen le dijo: «En el mundo natural, las cosas que el cielo ha dotado con ciertos dones no son forzosamente mejores que las cosas que no están favorecidas por los mismos. Del mismo modo, las personas inteligentes no son forzosamente mejores que las que no son inteligentes. Por ello, ¿por qué intentar valorar las posibilidades de éxito basándose en las capacidades y talentos?».

Lao Tse respondió a su discípulo Wen-tse: «No puedo afirmar que una persona que no esté dotada sea odiada por el cielo. Pero, por otra parte, ¿quién conoce la voluntad del cielo? Tal vez, al no otorgarle sus bendiciones, el cielo la esté ayudando».

El hermano menor de Yang-chu sabía que había ciertas cosas que no podía comprender. Así que preguntó a su hermano mayor: «Imagina que existen dos hombres iguales en edad, inteligencia y formas de actuar. Digamos que incluso se parecen y hablan del mismo modo. Pero uno es rico y el otro es pobre; uno de ellos disfruta de una vida larga y saludable y el otro muere joven. Uno es respetado por todos y el otro es despreciado. ¿Puedes decirme por qué un hombre es favorecido y el otro no, aunque ambos fueran dotados con las mismas cualidades a la hora de nacer?».

Yang-chu respondió: «Los antiguos tienen mucho que decir sobre estas cosas. Déjame que te las explique y, tal vez, cuando hayas considerado su sabiduría, no te sentirás tan confuso.

»Que esas dos personas con similares cualidades a la hora de nacer acaben teniendo vidas diferentes depende del desarrollo natural de los acontecimientos que se llama destino. Observa el mundo confuso, observa las multitudes que compiten por lograr cosas y te darás cuenta que no son felices ni están satisfechas. ¿Acaso necesitas hacer lo mismo solo porque todo el mundo lo hace? Si no quieres extenuarte y no aceptas las normas sociales de éxito y logros, ¿quién puede impedírtelo? Desde la salida hasta la puesta de sol la gente se agita locamente. ¿Acaso garantiza eso que estén mejor que tú que no has hecho lo mismo? Lo que te suceda no está determinado por el esfuerzo, ni por ninguna capacidad innata».

Viendo que su hermano estaba todavía confuso, Yang-chu continuó: «Si aceptas el orden natural de las cosas, no tendrás que preocuparte de si la vida es larga o corta. Si entiendes las leyes del cielo y de la tierra, no estarás interesado en los conceptos de verdadero o falso. Si confías en ti mismo, te dará igual que las circunstancias sean seguras o peligrosas. Si eres fiel a ti mismo, no te perturbarán las cosas que sucedan a tu alrededor. La ganancia o la pérdida, el halago o la crítica, la aprobación o la desaprobación, la felicidad o la tristeza, la cólera o la satisfacción no podrán afectarte.

»El Emperador Amarillo dijo en cierta ocasión que las personas iluminadas no se preguntan por qué viven o lo que están haciendo. No se ven afectadas por las acciones y opiniones de los demás. No actúan contra el fundamento de las cosas y no hacen nada que se oponga a sus principios. Aceptando el desarrollo natural de los acontecimientos, pueden ir a donde les place y hacer lo que hay que hacer. Los pensamientos y las acciones de los demás no les afectan».

Lo mismo que el hermano de Yang-chu, con frecuencia nos preguntamos por qué suceden las cosas como suceden. Y cuando vemos que se desarrollan de forma contraria a nuestras expectativas, nos sentimos frustrados o decepcionados. En nuestra mente dos personas con la misma inteligencia y apariencia deberían tener los mismos logros en su profesión y posición social. Y si no tenemos éxito allí donde otras personas lo tuvieron poseyendo las mismas capacidades, nos sentimos bien encontrando una excusa para deprimirnos y pensar que somos tratados injustamente. Sin embargo, si podemos liberarnos de esta forma de pensamiento y reconocer que existen algunas cosas que simplemente no podemos controlar, tendremos menos decepción, frustración, cólera e insatisfacción en nuestra vida.

68
No podemos conocer a personas que son diferentes de nosotros

Había cuatro personas que compartían una casa. Juntas comían, hacían las tareas domésticas e incluso jugaban, pero cada una de ellas tenía una personalidad muy diferente. Una de ellas era estudiosa y seria, otra era inquieta, otra despreocupada y la cuarta tenía un mal carácter. Aunque pasaban mucho tiempo juntas, hacían las cosas a su manera y no se entendían entre sí, ya que cada una de ellas afirmaba ser más inteligente que las demás.

Había otro grupo de cuatro personas que vivían juntas y hacían muchas cosas en común. También eran muy diferentes de naturaleza. Una de ellas era elocuente y de hablar superficial, otra era ruda y franca, otra obstinada y rígida, y la cuarta era complaciente y flexible. Aunque vivían juntas durante una gran parte del tiempo, cada una hacía las cosas a su manera y nunca se molestaban en aprender cómo lo hacían las otras, ya que cada una de ellas afirmaba ser más capaz que las demás.

Había otro grupo de cuatro personas que compartían una casa y pasaban mucho tiempo juntas. También eran muy diferentes en su forma de ser. Una era habilidosa, otra orgullosa, otra silenciosa y la última discutidora.

Asimismo iban a lo suyo y nunca escuchaban a los demás, porque creían que estaban mejor dotadas que nadie.

Otras cuatro personas vivían juntas. Una de ellas era escurridiza, otra inconstante, otra osada y la última tímida. También hacían las cosas a su manera y no querían aprender una de otra. Al final de su vida seguían sin entenderse y todas ellas se creían más virtuosas que las otras.

Había otro grupo de cuatro personas que tenían características diferentes y que vivían en la misma casa desde hacía mucho tiempo. Una era extravertida y sociable, otra confiada, otra autoritaria y la última solitaria. A pesar del tiempo que pasaban juntas, nunca se conocieron entre sí, ya que cada una de ellas afirmaba saber la mejor forma de aprovecharse de las oportunidades.

Todas estas personas tenían diferentes naturalezas. A primera vista, puede parecer que eran engreídas porque no querían entender a quienes tuvieran diferente actitud. Pero, por otra parte, si lo hubieran intentado, ¿cómo podrían haberlo logrado? O ¿habrían reconocido amablemente las diferencias recíprocas, fingido que se entendían unas a otras y después habrían seguido haciendo las cosas a su manera?

Cada individuo es diferente y cada uno sigue su propio camino en la vida. ¿Por qué no ser íntegros y aceptar nuestras diferencias? ¿Por qué pretender entender cuando no lo hacemos? Es muy raro el que dos individuos puedan comunicar directamente con el corazón y la mente, como Po-ya, el tocador de laúd, y su amigo Chung Tse-chi, o el maestro arquero Fei-wei y su discípulo Chi-chang, o los amigos Kuan-chu y Pao Shu-ya.

69
Éxito y fracaso

Aquellos que tienen éxito no saben de antemano que tendrán éxito. Aquellos que fracasan no saben de antemano que fracasarán. Por ello, ¿por qué perder el tiempo y la energía en anticipar el éxito o el fracaso cuando esto solo causa ansiedad y aprensión? Si entendemos la naturaleza del éxito y del fracaso, no nos entristeceremos si las cosas van mal ni nos entusiasmaremos cuando las cosas siguen su curso. Inalterables por los cambios emocionales, podremos afrontar con calma y sosiego lo que venga.

Muchas cosas suceden sin nuestra intervención activa. Cuando el impulso de los acontecimientos es demasiado fuerte, lo mejor que podemos hacer es quitarnos de en medio y no ser barridos por ellos. Así pues, conociendo el papel que juega el destino en el éxito y en el fracaso, el sabio sabe cuándo actuar y cuándo dejar de actuar.

Alguien que acepta el flujo natural de los acontecimientos no se verá alterado por lo que suceda a su alrededor. No responderá con cólera ni alegría, atracción ni repulsión, miedo ni flojera. Por otra parte, alguien que rechaza el flujo natural de los acontecimientos siempre se preocupará del éxito y del fracaso, de la ganancia y de la pérdida, de la aprobación y del rechazo. Aunque le tapemos los ojos o pongamos cera en sus oídos, siempre sentirá tensión y ansiedad.

La vida y la muerte son sucesos naturales. La riqueza y la pobreza son producto de los tiempos. Solo nos preocupamos de si nuestra vida será larga o corta o de si seremos ricos o pobres, cuando no entendemos que los acontecimientos van y vienen por sí mismos y nuestra preocupación no los cambia. Solo quienes aceptan el flujo natural de los acontecimientos no se preocuparán de la vida y de la muerte ni estarán ansiosos sobre el halago o la crítica. Las personas inteligentes querrán frecuentemente calcular las probabilidades de éxito y de fracaso antes de emprender una acción. Sin embargo, sus posibilidades de tener éxito no son en general muy diferentes de las de aquellos que no piensan en las probabilidades. Por ello, las posibilidades, las probabilidades y las oportunidades dependen de los acontecimientos y de otras eventualidades, y así en una infinita cadena. Las cosas suceden como suceden con independencia de nuestras predicciones. En consecuencia, ¿por qué intentar predecir y preocuparnos de la exactitud de nuestras predicciones?

Cuando no anticipamos el éxito y el fracaso, estamos preparados para aceptar cualquier resultado. No nos sentiremos excesivamente entusiasmados cuando las cosas salen como queremos, pero tampoco nos sentiremos desgraciados cuando las cosas se desmandan.

70
El rey que codiciaba la vida y temía la muerte

El rey de Chi estaba contemplando el paisaje en la Montaña de Ox. Con él estaban sus ministros y ayudantes. Mirando hacia abajo desde la cima, el rey divisó su país ante él: la amplia extensión de campos fértiles, las colinas ondulantes verdes y amarillas y los lentos ríos serpenteantes. De repente, lo embargó la tristeza y la melancolía y exclamó con un suspiro: «¡Qué hermosa tierra! ¡Qué pena que deba morir un día y dejar todo esto! ¡Si no existiera la muerte, tendría estas montañas y ríos para siempre!». Al acabar de hablar, las lágrimas rodaron por sus mejillas.

Dos funcionarios asistentes del rey empezaron también a llorar. Dirigiéndose a su rey, dijeron: «Majestad, incluso nosotros que solo comemos tosco cereal y carne de baja calidad y que viajamos en maltrechos carruajes no queremos dejar lo que tenemos. ¡Cuánto más difícil es para un señor como vos partir con vuestra fortuna!».

Justo en el momento en que todo el mundo estaba siendo embargado por la tristeza, su primer ministro, Yen-tse, se reía tranquilamente para sí. El rey se volvió a su consejero y le dijo: «Cuando vi la belleza de la tierra ante mí y me di cuenta de que tengo que partir un día, me puse triste y lloré. Todos mis subordinados compartieron mis sentimientos y lloraron conmigo excepto tú. ¿Por qué en vez de ello tú te ríes?».

Yen-tse respondió: «Si todo el mundo viviera para siempre, entonces los antiguos reyes estarían todavía aquí y ocuparían sus tronos. Vos, mi señor, seríais un ciudadano anodino que trabajaría en el campo y que se preocuparía de si tendría suficiente para comer. En vista de esto, probablemente querríais morir y no vivir para siempre. Hoy día sois el rey de un próspero país, pero lloráis como un cobarde que tiene miedo de morir. Al ver a un loco animado por otros locos, ¡no puedo sino reírme ante esta locura colectiva!».

Cuando el rey oyó estas palabras quedó avergonzado. Se disculpó de su conducta y de su incapacidad de ser un ejemplo para sus súbditos.

Cuando somos ricos, famosos y poderosos, no queremos morir. Por otra parte, si somos desgraciados y sufrimos, queremos morir y acabar con todo. Pero ¿acaso pueden la alegría o la felicidad durar para siempre? Existe el dicho «Todas las celebraciones deben acabar alguna vez». Cualquier deseo de vivir para siempre o de morir inmediatamente es a menudo un capricho del momento. ¿Cómo podemos ignorar que, aunque seamos felices ahora, podemos estar tristes mañana, o que podemos estar tristes ahora, pero tal vez seamos felices mañana? Dado que lo bueno y lo malo, la fortuna y la desgracia llegan por su propio pie, no debemos aferramos a la vida ni desear la muerte. La vida y la muerte llegarán por sí mismas. ¿Por qué, pues, codiciar la vida y tener miedo a la muerte?

71
La muerte no es una pérdida

Había un hombre cuyo único hijo murió de una repentina enfermedad. Él no hizo duelo por su hijo, ni estuvo triste por su muerte. Sus amigos estaban intrigados por su conducta, y por ello le preguntaron: «Tu único hijo ha muerto. Deberías tener roto el corazón. ¿Por qué actúas como si no hubiera ocurrido nada?».

El hombre respondió: «Antes de que mi hijo viniera, no tenía hijos. Entonces ciertamente no tenía el corazón roto. Ahora tampoco tengo hijos. ¿Por qué debería tener partido el corazón ahora?».

SÉPTIMA PARTE

YANG-CHU

Introducción

Puesto que no tenemos control sobre la vida y la muerte, debemos hacer lo mejor que podamos durante nuestro tiempo en la tierra. ¿Por qué plegarse a las convenciones sociales, por qué participar en la lucha por la riqueza material cuando un día moriremos, partiremos con todo lo que tenemos y seremos olvidados? Esta es la esencia de la enseñanza de Yang-chu.

Para Yang-chu todo es reemplazable y, por ello, sustituible; excepto el cuerpo. Así pues, aconseja que el cuerpo debe ser preservado a toda costa. Incluso si alguien pudiera ganar un reino perdiendo un solo cabello, no vale la pena. Si un reino no vale la hebra de un cabello, la fama y la fortuna no valen la pérdida de la salud física y del bienestar mental.

Los nombres, los títulos, la posición social y la reputación están vacíos. No debemos sacrificar nuestro precioso tiempo en la tierra en aras de estos propósitos vacíos. Sin embargo, Yang-chu no promueve el ascetismo. Para él, no hay nada de malo en sentirse bien y cómodo. Solo nos destruimos cuando ascendemos en la escala social a expensas de la felicidad.

72
Un nombre no significa nada y los títulos están vacíos

Yang-chu estaba viajando por el reino de Lu y se alojó en casa de su amigo Meng. Un día, Meng preguntó a Yang-chu: «¿Por qué las personas no están satisfechas con lo que tienen? ¿Por qué quieren reconocimiento social?».

Yang-chu respondió inmediatamente: «Porque el reconocimiento social puede ayudarlas a hacerse ricas».

«¿Por qué después de que se hacen ricas siguen sin estar satisfechas?».

«Después de obtener la riqueza, se desea tener poder político».

«Pero cuando tienen poder político, siguen sin estar satisfechas».

«En ese momento quieren asegurar las cosas para cuando mueran».

«Cuando mueres, lo dejas todo. ¿Para qué sirve planificar las cosas que sucedan después?»

«Se preocupan del futuro de sus nietos».

«¿Cómo puede un nombre y un título afectar el bienestar de tus descendientes?»

Yang-chu explicó: «La gente cree que si tiene una buena reputación, sus descendientes serán respetados.

Sin embargo, la mayoría de las veces las personas que dejan un buen nombre son aquellas que están cansadas de cuerpo y mente, pero que han vivido una vida honrada. La honradez y las riquezas no suelen ir de la mano. Así pues, el hombre honrado que es socialmente reconocido como persona virtuosa es frecuentemente pobre. De igual modo, una persona humilde puede obtener respeto en su comunidad, pero no ascenderá en rango y poder político.

»Por tanto, aquí tenemos una paradoja. La honradez y la humildad no te darán poder y rango aunque puedan darte reputación. Por otra parte, para ser rico y poderoso, tienes que sacrificar algo de honradez y de humildad y, tal vez, perder tu reputación como persona virtuosa. Muchas personas pasan su vida estancadas en este dilema».

Meng creyó que había entendido a Yang-chu, y comentó: «Creo que veo lo que quieres decir. Observa a Kuan-chung. Cuando era primer ministro del reino de Chi, era lujurioso cuando el rey era lujurioso y derrochador cuando el rey era derrochador. El ministro y su señor tenían el mismo corazón y mente. Así que Kuan-chung se llevaba muy bien con el rey y se convirtió en el segundo hombre más poderoso del país. Pero hoy día, sus descendientes no son más respetados que un ciudadano ordinario. Por otra parte, otro ministro llamado Tienheng era humilde cuando su rey era arrogante y generoso cuando su rey era codicioso. El ministro y su señor no se llevaban muy bien, pero su popularidad ganó el corazón del pueblo y este le hizo rey. Ahora, sus descendientes disfrutan la prosperidad del reino de Chi.

»Por ello, el hombre que en estos momentos tiene poder tal vez no deje un buen nombre tras sí, pero el hombre que quizá sea pobre hoy acaba teniendo una buena reputación después».

Yang-chu respondió: «Has captado mi pensamiento. No se trata de que ser humilde y pobre ahora te aporte reconocimiento después, ni que ser poderoso ahora te deje un mal nombre. La gente cree que, o bien obtienes poder y reconocimiento social ahora y abandonas tu buena reputación para siempre, o que sufres y te sacrificas ahora y obtienes una buena reputación para después. Yo digo que ninguna de las dos cosas vale la pena. Los antiguos afirmaban que un nombre no significa nada y que los títulos están vacíos. ¿Piensas que los emperadores Yao y Shun abdicaron porque eran virtuosos? Su reputación realmente aumentó después de que perdieron su reino. Si no hubiera habido nada que obtener, estoy seguro de que ninguno de ellos habría abdicado. ¿Piensas ahora que tener reputación o un buen nombre en la historia tiene algo que ver con ser virtuoso? No solo no vale la pena perseguir un nombre, sino que realmente no tiene sentido.

»Considera a los eremitas Po-yi y Shu-chi. Se negaron a servir al señor enemigo y se murieron de hambre en las montañas. Ambos se convirtieron en héroes y fueron considerados como hombres de integridad y virtud. Sin embargo, perdieron su vida y sus tierras, y sus descendientes se convirtieron en parias. En este caso, la reputación de estos dos hombres no hizo nada para ayudar a sus hijos y a sus nietos.

»Si quieres un nombre y un título, debes sacrificar parte de tu integridad y de tu humildad. Si quieres ser sincero y honrado, no obtendrás mucho reconocimiento social. A veces, tener un nombre comporta ansiedades y cargas de responsabilidad. Así pues, las personas que tienen poder y posición social no suelen ser libres de hacer lo que quieren. Como todo el mundo las está observando, tienen que comportarse del modo que se espera de su reputación. Un solo error y pierden su reputación ganada con tanto esfuerzo. No son exactamente las personas más felices.

»Por otra parte, alguien sin posición social ni reputación que mantener puede ser una persona más libre y más feliz. ¿Por qué, entonces, trabajar con tanto esfuerzo para obtener reconocimiento social cuando este solo disminuirá tu libertad y felicidad?».

73
Vida: estancia temporal en el mundo; muerte: partir temporalmente

Yang-chu dijo:

«Si vives hasta los cien años, se considera que eso es una larga vida. Sin embargo, solo una de mil personas tiene esa suerte. Pero si tomamos una persona que ha vivido cien años y contempla el tiempo de vida que ha pasado, nos damos cuenta de que cien años no es una vida tan larga. De esos años, la infancia y la vejez ocuparon la mitad de su tiempo. Además, la mitad del día se está dormido, por no mencionar las horas que pasó ocioso. ¿Qué es lo que le queda? Si, por añadidura, contamos las veces que estuvo enferma, confusa, triste, sufriendo y no sintiéndose bien, no queda mucho tiempo en el que haya podido disfrutar de la vida.

»Algunas personas piensan que pueden encontrar satisfacción en la buena comida, la ropa elegante, la música animada y el placer sexual. No obstante, cuando han tenido todas esas cosas, no están satisfechas. Se dan cuenta de que la felicidad no es simplemente satisfacer las necesidades materiales. Así pues, la sociedad ha establecido un sistema de recompensas que van mucho más allá de los bienes materiales. Estas incluyen títulos, reconocimiento social, posición y poder político, todo ello envuelto en un paquete llamado autosatisfacción. Atraídas por estos premios y provocadas por la presión social, las personas pasan su corta vida cansando el cuerpo y la mente en pos de estas metas. Tal vez esto les proporciona el sentimiento de que han logrado algo en su vida, pero en realidad han sacrificado mucho en ella. No pueden ya ver, oír, actuar, sentir ni pensar desde su corazón. Todo lo que hacen está en función de si pueden o no obtener ventajas sociales. Al final, gastan su vida siguiendo las demandas de otras personas y sin vivir nunca una vida propia. ¿Qué diferencia existe entre esta vida y la de un esclavo o la de un prisionero?

»Los antiguos entendían que la vida era solo una jornada temporal en este mundo y que la muerte era una partida temporal. En el breve periodo de tiempo que pasamos aquí, debemos escuchar nuestra propia voz y seguir nuestro propio corazón. ¿Por qué no ser libres y vivir nuestra propia vida? ¿Por qué seguir las normas de otros y vivir para complacerlos? Cuando te llegue algo agradable, debes disfrutarlo plenamente. No te encierres limitándote por el nombre o el título, ya que las convenciones sociales pueden alejarte del orden natural de las cosas. No importa el que seas recordado por las generaciones futuras, porque no estarás allí para verlo.

»¿Por qué pasar la vida dejando que otros te manipulen solo para obtener un nombre y una reputación? ¿Por qué no dejas que tu vida sea guiada por tu propio corazón y vives sin la carga de la fama y del reconocimiento?».

74
En la vida hay muchas diferencias; en la muerte todo es lo mismo

Millones de cosas pueden ser diferentes en la vida, pero la muerte siempre es la misma. Algunas personas nacen en familias ricas; otras nacen en familias pobres. Algunas nacen inteligentes; otras nacen tontas. Algunas nacen dentro de la nobleza y otras nacen como ciudadanos ordinarios. Mientras viven, son diferentes. Pero cuando mueren, todas se convierten simplemente en un montón de huesos y carne que se pudre.

El que vivamos o muramos, seamos inteligentes o tontos, no es algo que podamos controlar. No podemos elegir nacer, ni podemos elegir no pudrirnos cuando morimos. No somos responsables de nuestra inteligencia ni de nuestro grado de estupidez, ni tenemos ninguna influencia sobre la clase de entorno en el que nacemos. Todas estas cosas vienen por sí mismas y son asuntos del destino. Así pues, en la vida somos diferentes, porque tenemos destinos diferentes.

Sin embargo, hay una cosa que todos poseemos en común: la muerte. Algunos pueden vivir cien años; otros pueden morir tras diez años de vida. Pero, con independencia del tiempo que vivas, debes morir. Las personas virtuosas mueren; los malvados mueren. Cuando están vivos, los virtuosos pueden ser respetados, pero en la muerte son un montón de huesos secos. Igualmente, las personas malvadas son aborrecidas en vida, pero en la muerte también son un montón de huesos. Las personas famosas son un montón de huesos tras la muerte; las personas desconocidas son un montón de huesos tras la muerte[1]. Las diferencias se ven o se recuerdan como máximo cien años, pero transcurrido ese periodo de tiempo, un montón de huesos es exactamente igual que otro.

Dada la cortedad y la transitoriedad de la naturaleza de la vida, debemos hacer el mejor uso de ella. Disfruta mientras puedas. ¿Por qué preocuparte de si dejarás un buen nombre cuando todo lo que quedará de ti es un montón de huesos secos?

[1] Dejamos deliberadamente la aliteración, para no eliminar el efectismo moralizante pretendido por el autor. (*N. del T.*)

75
Las riquezas pueden dañarte, pero la pobreza también

Había un pobre hombre que con el tiempo murió de hambre a causa de su pobreza. Había un hombre rico que dañaba su cuerpo y fatigaba su mente, porque se esforzaba demasiado intentando hacerse más rico. Así pues, las riquezas pueden dañarte, pero la pobreza también. ¿Cuál es entonces la mejor forma de vivir?

Una buena vida es aquella con medios suficientes y disfrute adecuado. Si eres demasiado rico, te abrumarás con tu riqueza, porque vienen las complejidades de su manejo y con este la ansiedad sobre las pérdidas y las ganancias. Además, si eres demasiado pobre, no tendrás bastante para comer, abrigarte o divertirte. Por consiguiente, te fatigas tanto siendo demasiado rico, como demasiado pobre. Deben evitarse los extremos.

Si no tienes demasiado para comer, trabaja para conseguirlo. Si no puedes mantenerte caliente en invierno, trabaja para obtener suficiente ropa. Si no tienes tiempo para disfrutar, trabaja para tener tiempo de ocio. Pero cuando tengas suficiente, debes parar. Si continúas trabajando para obtener manjares, un gran guardarropas y mucho tiempo de ocio, acabarás sin tener tiempo para disfrutarlos, porque siempre estarás trabajando más para conseguir el dinero con el objeto de obtener estas cosas.

76
Cuidarse a sí mismo

Yen-tse preguntó a Kuan-chung qué es lo que querían decir los antiguos por «cultivar la vida».

Kuan-chung respondió: «Cultivar la vida es cuidarte a ti mismo. Significa vivir libremente y no imponerte limitaciones».

«¿Puedes explicar esto más ampliamente?»

«Deja que tus ojos vean lo que ven, no lo que otros quieren que veas. Deja que tus oídos oigan lo que oyen de forma natural, no lo que otros quieren que oigas. Deja que tu boca exprese libremente los pensamientos de tu mente y no te limites por la aprobación o desaprobación de los demás. Deja que tu mente piense lo que quiera pensar y no permitas que las demandas de otras personas dicten tus pensamientos. Si no dejas que tus sentidos y tu mente hagan lo que quieran hacer de forma natural, les estás negando sus derechos. Cuando no puedas pensar, tener sensaciones, sentir o actuar libremente, tu cuerpo y tu mente son dañados. Rompe estas opresiones y cultivarás la vida. Cuando puedes cultivar la vida, puedes esperar pacíficamente la muerte. Ser capaz de escapar a estas opresiones durante un día es mejor que vivir cien años siendo prisionero de ellas».

Kuan-chung preguntó entonces a Yen-tse: «Ahora que he hablado de cultivar la vida, ¿qué puedes decirme de poner atención en la muerte?».

Yen-tse respondió: «En lo que a mí respecta, no hay mucho que hacer para atender la muerte. Esta llega cuando llega».

Cuando Kuan-chung siguió insistiendo, Yen-tse respondió: «Cuando estoy muerto no quiero saber nada más. Por ello, no importa realmente si me arrojas al mar, me dejas al aire libre, me arrojas a un foso o me entierras en una tumba. No sabré si me vistes con ropas funerarias caras o me envuelves en tela de saco. ¿Por qué preocuparse de lo que suceda una vez que has muerto?».

Kuan-chung entonces se dirigió a su amigo Pao Shuya y le dijo: «Entre Yen-tse y yo hemos dicho todo lo que hay que decir sobre la forma de vivir y la forma de morir».

Cuando vivas, permanece satisfecho y conoce lo que es suficiente. Cuando mueres, no hay necesidad de ataúdes caros y funerales lujosos. Así pues, vive una vida satisfecha y muere una muerte simple.

77
¿Loco o iluminado?

TUAN-MU SHU era un hombre extremadamente rico. Era descendiente de Tse-kung, que había sido alumno de Confucio y un exitoso hombre de negocios. Tuan-mu Shu heredó una gran fortuna de sus antepasados y no tenía ningún interés en trabajar. Disfrutaba de una buena vida y seguía lo que le dictaban sus deseos.

Poseía una gran mansión construida con los mejores materiales y decorada por los mejores artesanos. Comía los mejores manjares y llevaba ropa de la mejor calidad. Viajaba en carruajes confortables y siempre estaba acompañado por hermosas cortesanas.

Tuan-mu Shu perseguía cualquier cosa que excitara sus sentidos, suscitara su curiosidad y estimulara su mente. Coleccionaba artefactos y tesoros raros de países extranjeros. Viajaba a lugares exóticos. Era entretenido por los mejores músicos y bailarines de la época. No se negaba a sí mismo nada. Era rico y derrochador y reyes y nobles lo envidiaban.

Sin embargo, a diferencia de la mayoría de los ricos, Tuan-mu Shu nunca era avaricioso con el dinero. Era generoso y gastaba libremente tanto en sí mismo como en los demás. Frecuentemente organizaba grandes fiestas e invitaba a centenares de personas para que disfrutaran de los mejores alimentos y de los entretenimientos más sofisticados. También compartía su riqueza con familiares, amigos, vecinos, e incluso con personas que no conocía. Su generosidad era tan grande que no había personas necesitadas en la ciudad en la que vivía ni en las aldeas circundantes.

Cuando Tuan-mu Shu cumplió sesenta años y su salud empezó a decaer, dio todas sus posesiones sin dejar nada para sus hijos y sus nietos. En un año, el hombre rico se hizo pobre y ni siquiera tuvo medios para llamar a un médico cuando se puso enfermo. Cuando murió, sus hijos no tuvieron dinero para enterrarlo. Afortunadamente para ellos, las personas que se habían beneficiado de la generosidad de su padre hicieron una colecta, le proporcionaron un funeral decente y devolvieron una parte de la riqueza a la familia. Cuando un prominente erudito se enteró de todo esto, afirmó: «Tuan-mu Shu es un loco. Tse-kung se hubiera revuelto en su tumba si lo hubiera sabido».

Otro filósofo comentó: «Tuan-mu Shu es un hombre iluminado. Supera incluso a su antepasado Tse-kung».

¿Es Tuan-mu Shu un loco o un iluminado? Si lo juzgáis por las normas sociales, parecerá sin duda un loco. Abandonó a su familia, no se preocupó del bienestar de sus descendientes y dilapidó su fortuna. Sin embargo, Tuan-mu Shu fue sincero en todo lo que hizo. No fingió, no se sirvió de estratagemas ni tuvo segundas intenciones en sus acciones. Siguió su corazón y no se limitó por las convenciones sociales. Disfrutó libremente, dio con liberalidad y nunca hizo nada que fuera contra su naturaleza.

78
¿Qué perjudica más a la salud: el placer sin límites o el trabajo duro?

Tse-chan, el primer ministro del reino de Cheng, tenía dos hermanos. Mientras él empleaba su energía en fortificar el país y acabar con el crimen y el desorden, sus dos hermanos se entregaban a todo lo que pudiera satisfacer sus sentidos.

Uno de ellos tenía una bodega y un gran almacén en la parte posterior de su casa, donde almacenaba miles de tinajas de vino. Incluso en casas vecinas se podía oler el hedor de la levadura en fermentación. Bebía mucho y, cuando estaba bebido, se olvidaba de todo lo que lo rodeaba. No podía interesarse en si había paz o guerra o de si su casa estaba siendo saqueada. Era incapaz de reconocer a sus amigos y a sus familiares y perdía cualquier interés por la vida o la muerte. El otro hermano tenía una docena de habitaciones en una casa en la que mantenía a un grupo de hermosas mujeres jóvenes. Con frecuencia visitaba su harén y hacía el amor toda la noche sin estar satisfecho al amanecer. Cuando se excitaba sexualmente, pasaba meses con las mujeres, sin preocuparse de salir a visitar a sus amigos y parientes o a cuidar de los negocios familiares. Cuando estaba entregado de lleno a sus placeres sexuales, se olvidaba del mundo exterior. No le importaba si el país estaba en guerra o en paz o si su casa era saqueada o robada.

Tse-chan estaba muy preocupado con el estilo de vida de sus hermanos. Así pues, acudió a hablar a Teng-hsi, un estadista y compañero que, aunque a veces era sarcástico y despreciativo, era conocido por sus agudas observaciones y su capacidad de resolver problemas.

Tse-chan le confesó: «Estoy preocupado por mis dos hermanos. Se dice que un hombre no merece gobernar un Estado si no puede mantener a su familia en orden. Como puedes ver, las nuevas leyes y reformas están funcionando muy bien ahora, pero los asuntos de mi familia son un desorden. ¿Puedes sugerirme algo para hacer que mis dos irresponsables hermanos se comporten más adecuadamente?».

Teng-hsi respondió: «Yo también me he dado cuenta de sus respectivas conductas y me preguntaba si ibas a hacer algo al respecto. He aquí lo que te sugiero. Encuentra una buena oportunidad de decirles que necesitas poner su vida en orden. Diles que lo que están haciendo es dañar su salud, quizá esto los convenza para cambiar su estilo de vida».

Un día, Tse-chan encontró a sus dos hermanos juntos y aprovechó la oportunidad de hablarles de la vida que llevaban.

«El cielo nos ha distinguido sobre los animales sin dignidad e inteligencia. Por ello, es nuestra obligación vivir conforme a estas expectativas y comportarnos de forma que se ajuste a nuestra posición en la sociedad. Si vivís únicamente para satisfacer vuestros sentidos, no sois más que animales. Además, el vino y el sexo pueden arruinar vuestra salud y un día os encontraréis débiles y agotados por vuestros placeres. Dejad de haceros daño a vosotros mismos, convertíos en ciudadanos responsables y os daré un puesto en el gobierno».

Los hermanos de Tse-chan le respondieron: «Sabemos que el vino y el sexo perjudican la salud. Pero también sabemos que la vida es corta y queremos disfrutar todo lo que podamos ahora. Tú, por otra parte, reprimes lo que quieres hacer para mantener tu rango y tu poder. Agotas tu cuerpo y tu mente trabajando día y noche. ¿Acaso no perjudica tu salud, te envejece, te debilita y te desgasta?

»Tú estás orgulloso de tus logros y quieres que actuemos conforme a tus creencias. Quieres tentarnos con títulos y poder político, pero sabemos que esas cosas solo aportan cargas y problemas.

»Dices que nuestro estilo de vida es vergonzoso y que quieres reformarnos. Déjanos decirte también algo. Puede que seas el primer ministro y que el país pueda parecer en orden. Pero obsérvate a ti mismo atentamente. Estás cansado y ojeroso. Has deteriorado tu cuerpo y tu mente, porque estás ansioso por conservar el orden del país. Para mantener tu reputación, has perjudicado tu corazón suprimiendo tus inclinaciones naturales. Has mantenido la ley y el orden, pero no te has ganado el corazón del pueblo. El pueblo acepta tu ley porque tiene miedo de ti, no porque te respete. Nosotros, por otra parte, podemos ser salvajes e ingobernables, pero somos auténticos con nosotros mismos. Nunca hemos combatido para obtener respeto. Nunca nos hemos visto envueltos en sucios asuntos políticos ni hemos hecho daño a otras personas con traiciones e intrigas. ¿Puedes decir esto de ti mismo? Si no puedes, no seremos nosotros quien seguiremos tus consejos, ¡sino tú quien deberías seguir los nuestros!».

Tse-chan no supo qué decir. Posteriormente vio a Teng-hsi y le contó todo lo que había sucedido. Teng-hsi le dijo: «Has estado viviendo con hombres iluminados y ni siquiera te has enterado».

Como la historia nos cuenta, Tse-chan tuvo que matar a Teng-hsi para silenciar sus críticas perturbadoras. Cheng se convirtió en un poderoso Estado durante un periodo de tiempo, pero tras la muerte de Tse-chan se debilitó y fue conquistado después por un vecino más poderoso. Los historiadores no le dieron a Tse-chan una buena imagen posteriormente, pero no se supo nada de los dos hermanos, ya que no fueron ensalzados ni condenados por la historia.

79
Todo el mundo ha de morir en algún momento

Alguien preguntó a Yang-chu: «¿Qué piensas de las personas que rezan para alcanzar la inmortalidad?».

Yang-chu respondió: «Todo el mundo debe morir algún día. Rezar no les servirá para nada».

«¿Y qué nos dices entonces de rezar para obtener una larga vida?»

«La vida y la muerte siguen su propio curso. No hay nada que podamos pedir, esperar ni controlar al respecto. Incluso si tomas las necesarias precauciones para proteger tu vida, no está garantizado que la conserves. Además, las alegrías y las penas, las ganancias y las pérdidas, la guerra y la paz, el buen y el mal gobierno se repiten a lo largo de la historia. ¿Por qué vivir cien años para ver ir y venir lasmismas cosas?»

«Si la vida es una experiencia tan mala, ¿por qué no matarse y acabar antes?»

«Esa tampoco es la forma de actuar. Cuando vives, debes aceptar la vida y dejarla seguir su curso. Cuando mueres, debes aceptar la muerte e ir hacia ella pacíficamente. La vida y la muerte vienen por sí mismas. Debemos dejarlas que sigan su curso y no intentar acelerarlas ni retrasarlas».

80
¿Sacrificarías una hebra del cabello para beneficiar al mundo?

Yang-chu dijo: «El sabio Po-cheng-kao-tse no sacrificó su cuerpo y su mente en beneficio del mundo, así que se convirtió en un eremita y vivió una vida pacífica y satisfecha. El rey Yu sacrificó todo para ayudar al mundo. Consiguió el respeto de todos, porque se convirtió en un tullido para el resto de su vida. Los antiguos dicen que si las personas no sacrificaran ni una simple hebra de cabello para salvar al mundo, este sería un lugar menos complicado».

Alguien preguntó entonces a Yang-chu: «Si arrancar una hebra del cabello de tu cuerpo pudiera ayudar al mundo, ¿lo harías?».

Yang-chu respondió: «El mundo no puede ser ayudado por uno de mis cabellos».

«Pero supongamos que pudiera serlo. ¿Lo harías?»

Yang-chu no respondió.

Poco después, la persona que preguntó se encontró a un amigo de Yang-chu y planteó de nuevo la cuestión. El amigo de Yang-chu respondió: «No entiendo este punto. Déjame que te pregunte lo siguiente: ¿Te cortarías un poco de carne del cuerpo si al hacerlo obtuvieras mil monedas de oro?».

«Pienso que sí».

«Sin embargo, si pudieras ganar un reino perdiendo un brazo, ¿lo harías?».

La persona que se planteó al principio este tipo de preguntas se quedó en silencio.

El amigo de Yang-chu comentó entonces: «Una hebra del cabello no es nada en comparación con un poco de carne, y un poco de carne es algo sin importancia en comparación con un miembro. Sin embargo, cuántas piezas de cabello forman tu cabellera y cuántos pedazos de carne forman un brazo. ¿Cuándo consideras que suficientes pelos forman una cabellera y que suficientes pedazos de carne forman un brazo? Cada parte de tu cuerpo es tan importante como las demás. ¿Por qué pensar que algunas partes son innecesarias?».

La persona que inició las preguntas respondió: «No puedo discutir esto contigo. Si llevamos el asunto a Lao Tse y a Wen-tse probablemente dirían que tienes razón. No obstante, si llevamos la cuestión ante Mo-tse o ante Yu, probablemente me darían la razón a mí».

La cuestión no consiste en que el confuciano generoso se sacrifica en beneficio de la humanidad mientras que el taoísta egoísta no lo hace. Yang-chu es frecuentemente mal interpretado en este punto. Lo que Yang-chu está diciendo es que con frecuencia pensamos que podemos cambiar el curso de las cosas sacrificando una cosa u otra. Al pensar que nuestros esfuerzos pueden marcar la diferencia, hemos confundido las cosas en lugar de colaborar a mejorarlas. Si no estuviéramos tan ansiosos de ser heroicos y sacrificarnos «para mejorar las cosas», estas podrían seguir su propio curso y tal vez tendríamos menos problemas en el mundo.

81
Gobernar un país es como cuidar un rebaño de ovejas

Yang-chu dijo al rey de Liang: «Gobernar un país es muy sencillo, tanto como mantener cosas en la palma de la mano». El rey respondió: «Tú ni controlas tu familia ni limpias las malas hierbas de tu jardín, ¿me aconsejas sobre cómo gobernar mi país?».

Yang-chu no se amilanó y continuó: «¿Habéis visto a un pastor trabajando? Puede controlar varios centenares de ovejas haciendo que un niño las dirija sin esfuerzo por detrás con una caña de bambú. El rebaño se moverá en la dirección que él desee. Por el contrario, si intentas conducir a cada oveja, no harás que el rebaño se mueva.

»Siempre he oído que el pez que puede tragarse una barca no nada en pequeños ríos, y que las aves que vuelan alto no se posan en pequeños estanques. ¿Por qué? Porque solo los grandes espacios abiertos pueden contener la talla y el poder de estos animales. Igualmente, la música majestuosa no es adecuada para pequeños eventos, y un cuchillo pequeño no puede despellejar a un gran animal. Así pues, quienes se disponen a gobernar un país no se preocupan de tareas triviales, y quienes quieren tener éxito en grandes empresas no pierden su tiempo en pequeños logros».

82
Las cosas no son tan permanentes como creemos

Las cosas que sucedieron en tiempos remotos ahora se han olvidado. Las cosas que sucedieron hace 10.000 años son más leyendas que hechos. Los acontecimientos que ocurrieron hace 5.000 años constituyen más un sueño que una realidad. Aún podemos retener unos pocos recuerdos sobre lo que sucedió hace 1.000 años, pero la mayoría de los acontecimientos se han olvidado. De hecho, es un gran logro recordar cosas que sucedieron hace 100 años. Incluso los testigos oculares tienen dificultad en recordar lo que vieron hace 50 años.

Han sucedido muchas cosas entre la Antigüedad y la época actual. Los sabios y los tiranos han aparecido y desaparecido. Personas inteligentes, locas, crueles, buenas y malas han hecho breves apariciones en la historia y después han desaparecido. No sabemos quiénes fueron o lo que hicieron, salvo la posición y rango que ocuparon en la sociedad. La vida es corta. ¿Por qué dañarte en pos de cosas como el nombre y la reputación cuando sabes que en cincuenta años no serás diferente de nadie? ¿Por qué sacrificar tu felicidad y paz mental para perseguir algo efímero y transitorio? De todas las criaturas, se dice que los seres humanos son los más inteligentes. Sin embargo, somos acosados por la felicidad, la cólera, la tristeza y el miedo. No tenemos colmillos afilados ni garras para cazar presas. No poseemos pieles ni plumas para conservarnos calientes. Somos incapaces de correr velozmente para escapar de los predadores y nuestra piel no es suficientemente gruesa para protegernos si somos atacados. Debemos basarnos en otras fuentes para proporcionarnos refugio, ropa, alimentos y armas. Nuestra inteligencia no nos hace privilegiados. Cada especie está dotada con una habilidad singular. Nosotros tenemos inteligencia, los pájaros tienen plumas y los peces tienen agallas. Es adecuado servirse de la inteligencia para satisfacer nuestras necesidades básicas y nuestro confort; servirse de ella para dañar a los demás es ir contra el orden natural de las cosas. Y la inteligencia es transitoria. Al igual que la piel, los huesos y la carne, desaparecen cuando morimos.

Corto es nuestro tiempo en la tierra. No poseemos nuestra vida. Venimos a la existencia cuando se relacionan las energías yin y yang y desaparecemos cuando estas se separan. Así pues, si queremos permanecer vivos en este mundo, debemos dejar que la vida siga su curso. No os apeguéis a ella, no la desechéis. Utilizad lo mejor que podáis vuestro tiempo ahora. Si este cuerpo de carne y sangre es impermanente, ¿cuánto más lo son las cosas intangibles como el nombre, el título y la reputación?

83
Longevidad, fama, posición social y riqueza

Las personas se consumen en pos de cosas: la longevidad, la fama, la posición social y la riqueza. Sin embargo, no saben que estas cuatro cosas solo traen problemas y ansiedad. Cuando tienes longevidad, tienes miedo de que los espíritus malignos o las circunstancias incontrolables acaben con ella. Cuando posees fama, estás ansioso de que tu reputación sea perjudicada por personas que están celosas de ti. Cuando tienes posición social, te preocupas de que un cambio de política aca-be con él. Cuando posees riquezas, tienes temor de ser robado.

Son las personas que pueden ver más allá de las quimeras de la longevidad, la fama, la posición social y la riqueza las que no se ven sobrecargadas por la ansiedad y el miedo. Si no hay nada en juego, no hay nada de qué preocuparse. Si no codicias la longevidad, no tienes miedo de morir. Si no te preocupas por la fama, te dará igual cómo te presentas ante los demás. Si no estás interesado por la posición social, no te preocupará lo que otras personas piensen de ti. Si no eres posesivo con el dinero, no agotarás tu cuerpo y tu mente para acumularlo. No tendrás necesidad de envidiar a los demás y podrás seguir tus propios principios y ser fiel a ti mismo.

Los antiguos decían: «Si no existieran cosas como el matrimonio o el poder político, los deseos de las personas quedarían reducidos a la mitad. Si no hubiera necesidad de comer o de vestirse, los gobernantes y los gobiernos serían superfluos». Así pues, los sabios de la Antigüedad nos advertían que ansiar el poder, la posición social y la riqueza y la longevidad solo generan problemas. Si las personas están contentas con vivir una vida simple pero confortable, no hay competencia. Cuando no hay competencia, puede dejarse que las cosas sigan su curso natural.

Existe un antiguo dicho: «Mantened a un campesino sentado todo el día y lo volveréis loco». Es natural para un campesino atender los campos y trabajar de sol a sol. Estar cansado tras la jornada de labor, consumir una comida simple y abundante y dormir profundamente por la noche son cosas a las que está acostumbrado. Ponerlo en un colchón de plumas, darle manjares exquisitos que no lo llenen y hacerle estar sentado todo el día equivale a matarlo.

Existe una historia sobre un campesino que no tenía medios para comprarse un abrigo de piel. En invierno se sentía helado y frío, pero cuando llegaba la primavera y le daba el sol en el cuello y en los brazos se sentía bienaventurado. Así pues, acudió a su amigo y le dijo: «Nadie sabe lo bueno que es sentir el sol calentándote la espalda. Le presentaré este secreto al rey. Seguramente me recompensará bien por mi descubrimiento». Cuando sus vecinos oyeron su propuesta se rieron de él, diciendo: «Eres exactamente lo mismo que aquel hombre que presentó a los dignatarios judías verdes, patatas y raíces, pensando que disfrutarían de ellas como manjares. Pero cuando estos probaron dichos alimentos, se les revolvió el estómago y castigaron al campesino por su mala pasada».

Aquellos que consideran la fama, la longevidad, la posición social y la riqueza como las metas de su vida nunca experimentarán la felicidad y la satisfacción simples. Y aquellos que están felices y viven sin preocupación no cambiarán su libertad por los problemas que conlleva el éxito.

Los antiguos decían: «Es mejor comer una sencilla comida que recibir alimentos del plato del gobernante». Ser consciente y leal no te protegerá necesariamente de la traición, y demasiadas responsabilidades pueden perjudicar el cuerpo y la mente. Por ello, los mejores gobernantes mandan sin pedir a sus súbditos que sean leales o virtuosos, y el mejor gobierno es aquel que no promueve la recompensa, ya sea de riqueza, posición o de poder. Cuando no hay sistema de recompensas, no hay competición. Donde no hay competición, no hay traición. Donde no hay traición, las personas pueden ser auténticas consigo mismas.

Los antiguos también decían: «Si puedes prescindir de la reputación, eres libre de toda preocupación. La reputación solo es un visitante, pero la realidad permanece».

En el mundo actual, la gente le da mucha importancia a la fama, a la riqueza, a la longevidad y a la reputación, a expensas de su felicidad. Por supuesto, no se puede disfrutar de la vida si no se tiene algo de riqueza o longevidad. Sin embargo, forzarte hasta el agotamiento para perseguir estas metas y no saber dónde detenerte es robarte a ti mismo el tiempo que tienes en este mundo.

OCTAVA PARTE

EXPLICACIÓN DE LAS COINCIDENCIAS

Introducción

Cuando dos cosas ocurren sucesivamente, las llamamos causa y efecto, si creemos que un acontecimiento hizo suceder al otro. Si pensamos que un acontecimiento es la respuesta del otro, lo llamamos reacción. Si creemos que los dos incidentes no están relacionados, los llamamos simple coincidencia. Si pensamos que alguien merece lo que le sucedió, lo llamamos castigo o recompensa según que el acontecimiento fuera negativo o positivo para la persona a la que le sucedió. Si no podemos encontrar una razón para los dos acontecimientos que ocurren simultáneamente o muy próximos entre sí, lo llamamos un accidente. Por ello, según explicamos, las coincidencias dependen de cómo vemos el mundo.

¿Está todo conectado de forma que los acontecimientos crean resonancias como ondas en una red? ¿O coexisten simplemente las cosas y nosotros damos sentido a este acontecer simultáneo a causa de nuestro sistema de creencias? Esta es la respuesta de Lie Tse: «Todo se halla en la forma de pensar».

84
Acción y reacción

Lie Tse estaba estudiando con el gran maestro Hu-tse.
—Antes de que entiendas lo que significa actuar, tienes que saber lo que significa reaccionar —dijo Hu-tse.

—¿Puedes explicarme más ampliamente esto?

—Vuélvete y mira tu propia sombra.

Lie Tse se giró y miró su sombra. Cuando él se inclinaba, la sombra se inclinaba. Cuando se mantenía derecho, la sombra se mantenía derecha. Lie Tse descubrió que su sombra no tenía ningún control sobre su movimiento y que simplemente reaccionaba a lo que él hacía. Fue entonces cuando Lie Tse se dio cuenta de que somos como sombras que reaccionan a los acontecimientos del mundo. No somos los causantes de los acontecimientos; solo podemos responder a las situaciones. El que tengamos que ser activos o pasivos no depende de lo que queramos hacer, sino de lo que exija la situación.

Wen-tse dijo a Lie Tse: «Si te portas bien con los demás, los demás se portarán bien contigo. Si haces daño a los demás, más adelante te harán daño a ti. Tus acciones producen reacciones que te siguen como sombras. Lo mismo que la sombra de una persona alta es alta y la sombra de una persona pequeña es pequeña, las palabras malsonantes producirán ecos malsonantes y las buenas intenciones producirán reacciones buenas. Para cada acción hay una reacción, y para cada causa existe un efecto.

»Si alguien te quiere, probablemente lo querrás; si alguien te odia, probablemente lo odiarás. Esta es la típica forma de reaccionar. Por ello, el sabio es cuidadoso con sus propias acciones, porque sabe que los demás reaccionarán a ellas y, examinando sus propias acciones, puede predecir lo que otras personas harán. El sabio también sabe que si puede predecir las acciones de los demás, los demás pueden predecir las suyas. Por ello, escondiendo sus acciones, se vuelve impredecible».

85
¿Por qué siguen las personas el camino del Tao?

Alguien preguntó en cierta ocasión a Lie Tse: «¿Por qué siguen las personas el camino del Tao? ¿Acaso las hace ricas? Pero entonces, también podemos hacernos ricos jugando a la lotería. Así pues, ¿por qué seguir al Tao?».

Lie Tse respondió: «Los tiranos y los dictadores cayeron porque dieron demasiada importancia a las riquezas y al poder. Si pasas tu vida exhibiéndote, dando codazos y luchando por obtener cosas, no eres mejor que los animales salvajes. ¿Cómo puedes obtener el respeto de los demás si actúas como un animal?».

86
Lie Tse aprende el arte del tiro con arco

Lie Tse aprendió el arte del tiro con arco y finalmente logró dar en el blanco.

Acudió entonces a Wen-tse a preguntarle:

—¿Tienes alguna sugerencia de cómo puedo mejorar?

Wen-tse le respondió: «¿Sabes por qué pudiste dar en el blanco aquella vez?».

—No lo sé, respondió Lie Tse.

—Entonces no es suficiente. Vuelve y practica un poco más.

Después de tres años. Lie Tse visitó a Wen-tse de nuevo.

Wen-tse preguntó: «¿Sabes ahora por qué eres capaz de dar en el blanco?».

«Sí lo sé».

«Está bien. Recuerda lo que has aprendido y no dejes que se pierda tu práctica. Por otro lado, los principios del aprendizaje del tiro con arco se aplican a todas las demás cosas. Si no entiendes lo que estás haciendo, no serás capaz de actuar de una forma confiable. Por ello, al aprender cualquier cosa, ya sea gobernar el país o manejar tu vida, debes entender los principios.

87
La elección de una persona adecuada para una tarea

Lie Tse dijo: «Las personas que se hallan en las primicias de su vitalidad frecuentemente están orgullosas de su vigor. Quienes son físicamente fuertes están ansiosos de mostrar sus proezas y su fuerza. Con ellos no puedes hablar sobre el Tao, porque no lo apreciarían. Igualmente, es inútil hablar del Tao a quienes son jóvenes e inmaduros. No escucharán, e incluso si escuchan no están emocionalmente estables para seguirlo.

»Por ello, la persona ingeniosa prefiere otorgar la responsabilidad a personas mayores y más maduras. Idealmente, debes buscar a alguien que tenga una clara dirección en la vida, alguien que todavía tenga fuerza física, pero que también posea un poder permanente y estabilidad emocional. Así, la clave de la gestión de los asuntos no se halla en tu propio talento sino en tu capacidad para escoger a las personas adecuadas».

88
¿Podemos competir con la naturaleza?

Había un hombre que pasó tres años esculpiendo un trozo de jade para darle forma de hoja. Presentó su obra maestra al príncipe, que quedó muy impresionado y lo contrató.

La hoja parecía tan real que si se la ponía entre hojas de verdad no se la podía distinguir. Todo el mundo señalaba que era una obra de arte muy hermosa.

Sin embargo, cuando Lie Tse tuvo noticia de ello, dijo humorísticamente: «Si la naturaleza necesitara tres años para hacer una hoja, tendríamos problemas».

Así pues, el sabio sabe que por mucho que imitemos las obras de la naturaleza, esta continúa haciéndolo mejor.

89
Las palabras pueden hacer algo de ti o destruirte

Cuando Lie Tse estaba viviendo en Cheng, era pobre y se moría de hambre. Un amigo vio su condición y habló al primer ministro: «Lie Tse es un sabio que ha alcanzado el Tao. Ahora está viviendo en tu país pobre y anónimamente. ¿Por qué no le envías un presente para mostrar que aprecias a un hombre iluminado cuando lo ves?».

El primer ministro envió inmediatamente a Lie Tse un regalo consistente en arroz.

Cuando llegó el mensajero del ministro con el regalo, Lie Tse acudió a la puerta, saludó con dos reverencias al honorable huésped y amablemente rechazó el regalo.

Su esposa se enfadó por la conducta de Lie Tse y le regañó: «Las esposas y los niños de los demás sabios viven confortablemente, pero nosotros nos morimos de hambre. Ahora que finalmente hemos conseguido algo de comida del ministro, ¿por qué la rechazas?, ¿cómo puedes hacernos esto?».

Lie Tse sonrió y respondió a su esposa: «Déjame decirte por qué rechacé el regalo. A mí se me honra a causa de la opinión de otras personas, así que también puedo ser despreciado por la opinión de alguien. Las palabras de la gente pueden hacer algo de ti, pero también pueden destruirte. Por esta razón es por lo que me asusta recibir un regalo basado en la opinión que alguien tenga de mí. Tal vez no seamos ricos, pero esto es más seguro».

No mucho después, cayó la popularidad del primer ministro. El rey, impulsado por la opinión pública, lo hizo ejecutar.

90
Hallarse en el lugar adecuado en el momento oportuno

Shih, del país de Lu, tenía dos hijos de talento. Uno de los hijos era extraordinario en erudición y el otro en las artes militares. Tras discutir su futuro con ellos, envió al intelectual al rey de Chi y al genio militar al rey de Chu.

El rey de Chi quedó muy impresionado por el joven intelectual y lo nombró tutor del príncipe heredero.

El rey de Chu quedó muy convencido con las capacidades del otro hermano y lo hizo general.

Ambos jóvenes recibieron ricas tierras y un gran salario, y la familia Shih incrementó su fortuna y su poder.

Meng, que era desde hacía tiempo vecino de la familia Shih, vio con envidia el éxito de los dos hijos. Así pues, decidió pedir consejo al enriquecido Shih de cómo sus propios hijos podrían hacer fortuna. Meng también tenía dos hijos, uno con talentos académicos y otro sobresaliente en el arte de la guerra.

Shih era muy ingenuo e informó a Meng de cómo sus hijos se habían vuelto ricos y poderosos. Meng volvió a su casa y aconsejó a sus dos hijos que pusieran sus capacidades al servicio de los señores de dos reinos feudales.

El hijo cultivado fue al rey de Chin y le presentó una propuesta sobre cómo gobernar un país con bondad y humildad. El gobernante de Chin estaba a punto de invadir los estados vecinos que eran ricos y fértiles. Consideró la propuesta de este intelectual como una broma y un insulto a su política y le contestó coléricamente: «Aquí en Chi la tierra es pobre y montañosa. Si no invadimos estados más pequeños pero más ricos para obtener sus recursos, seremos conquistados por poderosos estados como el de Chi. Si sigo tu propuesta, nuestro país será destruido. ¿Me tomas por un loco?». El rey hizo castrar al intelectual antes de despedirlo.

El otro hijo de Meng se presentó al rey de Wei y le presentó una propuesta de acción militar. El rey escuchó sus planes y le contestó: «Mi país es pequeño y débil. Si escucho tu consejo e invado los estados vecinos, esto acabará con Wei. Observando la situación actual, solo podemos esperar sobrevivir forjando alianzas con los estados más poderosos. Necesito los servicios de un diplomático, no de un guerrero. No te puedo utilizar, pero temo que ofrezcas tus capacidades militares a otros estados». Así pues, el rey ordenó que le cortasen las piernas al joven antes de despedirlo.

Cuando Meng vio regresar a sus dos hijos, el uno tullido y el otro castrado, quedó conmocionado y colérico. Pensando que Shih le había jugado una mala pasada y que le había dado deliberadamente un mal consejo, irrumpió en la casa de Shih pidiéndole una explicación.

Cuando Shih oyó lo que les había sucedido a los hijos de Meng suspiró, diciendo: «Los tiempos hacen a los héroes y a los pobres. Mis hijos estuvieron en el lugar adecuado en el momento oportuno y los tuyos estuvieron en el lugar inadecuado en el momento inoportuno. Yo me limité a decirte lo que habían hecho mis hijos. Tú creíste que era la fórmula del éxito y la aplicaste sin pensar. A veces, las cosas que pueden funcionar hoy pueden no funcionar mañana, y las estrategias que son buenas para una situación pueden no serlo para otra. Para que algo funcione, debe ser adecuado el clima político, social y económico. Puedes llamarlo destino o sino o la oportunidad del momento. El hombre sabio entiende que estar en el lugar adecuado o inadecuado en el momento oportuno o inoportuno es algo que no puede controlar. Por ello, acepta lo que le acontece e intenta afrontar las consecuencias en lugar de luchar contra ellas».

Cuando Meng oyó esto, se calmó su cólera y se dio cuenta de que debía de encontrar una forma de convivir con su desgracia. Entonces dijo a Shih: «Ahora entiendo. Ya no necesitas decir nada más».

91
Si puedo pisar a alguien, alguien me puede pisar

El rey de Chin convocó a sus ministros y les comunicó su intención de invadir el país limítrofe de Wei. Cuando el primer ministro oyó los planes del rey, echó su cabeza para atrás y se rio.

El rey se sorprendió y pidió una explicación. El primer ministro contó entonces lo siguiente: «Había un hombre de mi vecindad que se encontró con una hermosa mujer cuando él y su esposa estaban de camino para visitar a su familia política. El hombre deseó a la mujer y acudió en secreto para encontrarse con ella. Al llegar a su hogar después de pasar la noche fuera, encontró a su esposa en la cama con otro hombre. Cuando oí esto, no pude menos que reírme».

El rey de Chin comprendió la alegoría y desechó sus ideas de invadir el territorio de otro país.

92
Para resolver un problema, hay que eliminar la causa, no el síntoma

En el reino de Chin se cometían muchos robos. El gobierno intentó diversas estrategias para aprehender a los ladrones, pero todas fracasaron. Un día, cuando el gobernante de Chin se corroía pensando en la situación que empeoraba, un funcionario le comunicó que había un hombre que podía reconocer a los criminales examinando ciertos rasgos de sus ojos y de sus cejas.

El rey de Chin convocó a dicho hombre y le encargó perseguir a los criminales de su país. El hombre hizo honor a su reputación y en poco tiempo fueron prendidos y encarcelados un gran número de ladrones. El rey estaba muy contento con estos resultados y se los contó a Wen-tse: «He encontrado a una persona que puede ayudarme a prender a los ladrones del país. Parece que nuestro problema delictivo se ha resuelto».

Wen-tse respondió: «No se puede detener el crimen basándose en técnicas para perseguir criminales. Si se atrapan hoy cien ladrones, habrá mañana otros cien, porque estáis atacando el síntoma y no la causa. De todos modos, apuesto a que ese individuo al que utilizáis para perseguir criminales no vivirá mucho tiempo».

No mucho después, alarmados por el índice de encarcelamientos, varias bandas de ladrones se unieron y asesinaron a quien los identificaba.

El rey quedó al mismo tiempo asombrado y apenado por estas noticias y acudió a Wen-tse para que le aconsejase.

«Ha pasado tal como habías predicho —dijo el rey—, ¿cómo vamos ahora a prender a esos ladrones?».

Wen-tse respondió: «Los sabios de la Antigüedad decían que aquellos que tienen un talento para descubrir peces en estanques profundos son desafortunados, y quienes están capacitados para desvelar secretos no vivirán mucho. La mejor forma de afrontar los crímenes no es perseguir a los criminales, sino educar al pueblo. Emplead personas justas y honradas. Imbuid el sentido de la virtud y de la honradez en vuestros súbditos. A su debido tiempo, cuando el pueblo llegue a respetar las virtudes, el índice de criminalidad disminuirá de forma natural».

El rey siguió en esta ocasión el consejo de Wen-tse y estableció un programa de educación en todo el país. Y como Wen-tse había predicho, cuando el pueblo empezó a valorar la honradez y la integridad, disminuyó el índice de criminalidad. Cuando los pocos criminales empedernidos descubrieron que no podían obtener simpatía y apoyo de los ciudadanos, huyeron de Chin y se fueron a otro estado.

93
Fe y confianza

Confucio estaba regresando a su país natal de Lu procedente del estado de Wei, cuando se detuvo a descansar a orillas de un río. Mirando cómo descendía la corriente, contempló cómo fluían las aguas veloces a lo largo de la ribera y se precipitaban desde una gran altura en una espectacular cascada.

De repente, vio a un hombre en la otra orilla que estaba a punto de lanzarse al río. Inmediatamente lo llamó con insistencia diciéndole: «Las aguas son muy rápidas y profundas. Incluso los peces y las tortugas tienen miedo de acercarse a esta parte del río. Si intentas atravesarlo, te ahogarás».

El hombre actuó como si no hubiera oído ni una sola palabra de lo que decía Confucio. Saltó al río y nadó tranquilamente atravesándolo. Confucio quedó sorprendido de que hubiera podido realizar tal hazaña. Cuando el hombre puso el pie en la orilla, Confucio fue hacia él y le dijo: «Nunca he visto a nadie con tal habilidad nadando. ¿Cómo has podido evitar ser arrastrado por los rápidos?».

El hombre respondió: «Cuando estoy en el agua, confío en las aguas y tengo confianza en mí mismo. Por ello, por muy rápidas que sean las aguas, no tengo miedo. Con fe y confianza, me he hecho amigo del río. Es así como puedo atravesarlo nadando sin que él me haga daño».

Confucio se volvió entonces a sus estudiantes y les dijo: «Recordad bien estas palabras. Si por medio de la fe y de la confianza podéis haceros amigos de un río, ¿cuánto más pueden ayudaros a haceros amigos de las personas?».

94
La mejor forma de guardar un secreto es no hablar

Un noble que estaba planeando matar a dos enemigos quiso comprobar si los demás comprendían sus motivos. Así pues, acudió a Confucio y le dijo: «¿Puede alguien averiguar tus secretos si dejas algunas claves?».

Confucio no respondió.

«Supongamos que arrojas una piedra en el río. ¿Se dará alguien cuenta de ello?»

«Un buen nadador se daría cuenta».

«Si mezclas el agua de dos ríos, ¿sería alguien capaz de separarlas?»

«He oído hablar de algunas personas que tienen esta capacidad».

«En este caso, ¿puede que no haya secretos?»

Confucio respondió: «¿Por qué no? Alguien que escucha y entiende bien será capaz de guardar fielmente un secreto. Por esta razón es por lo que no tienes que hablar mucho para hacerle entender tu punto de vista. Cuanto menos hables, menos revelarás. Así pues, la mejor forma de guardar un secreto es no hablar, y la mejor forma de hacer que se hagan las cosas es no hacerlas».

El noble no entendió en absoluto lo que Confucio quería decir. Al final, sus planes de traición y asesinato fueron descubiertos y fue él quien fue asesinado.

95
Quienes tienen éxito no se alteran por los logros; quienes saben no exhiben sus conocimientos

El príncipe de Chu ordenó a sus generales atacar un estado enemigo. Pocos días después, regresaron los mensajeros con las noticias de que los comandantes habían logrado la victoria y conquistado dos ciudades importantes.

El príncipe estaba cenando cuando llegaron los correos. Oyó el informe y pareció preocupado. Sus subordinados quedaron confusos por la actitud de su señor y le preguntaron: «Nuestros generales se han apoderado hoy de dos ciudades. Esto constituye una gran noticia, señor. ¿Por qué no estáis entusiasmado?».

El príncipe respondió: «Antiguamente se decía que una inundación no duraría más de tres días. También se decía que un viento huracanado no llegaría a la mañana, y que una fuerte lluvia no puede caer durante todo el día. Lo que esto significa es que los grandes acontecimientos no duran mucho y que los grandes logros repentinos no son permanentes. Tengo miedo de que nuestro éxito no se mantenga, y si nos entusiasmamos con él, nos volvamos descuidados y más adelante seamos derrotados».

Cuando Confucio se enteró de esto, afirmó: «Con un gobernante así, el estado de Chu se hará muy poderoso.

El príncipe es un hombre que no se deja desviar por el éxito. Por ello, mantendrá la calma y la constancia con independencia de las circunstancias. Es fácil triunfar y entusiasmarse con el triunfo, pero es difícil tratar el éxito como un asunto normal cotidiano y no dejar que perturbe tus planes. El estado de Chu perdurará durante mucho tiempo.

»Cuando un gobernante está orgulloso del éxito, podéis estar seguros de que el país se debilitará. Esto es lo que le sucedió a los estados de Chi, Wu y Ye. Sus reyes no entendieron que los logros a corto plazo no garantizaban el éxito a largo plazo».

Se decía que Confucio tenía la fuerza de levantar una puerta de hierro, pero que nunca exhibía su fuerza. Cuando Mo-tse, un famoso estratega militar, jugaba a la guerra sobre un tablero de ajedrez, fácilmente ganaba. Sin embargo, nunca fue conocido como un experto en las artes militares.

Por ello, quienes triunfan no revelan su triunfo, y aquellos que saben no exhiben su conocimiento.

96
Suerte y desgracia

En el país de Sung vivía una familia conocida por su generosidad y bondad. Durante tres generaciones, todos sus miembros habían ayudado a los pobres y a los necesitados, pero un día sucedió algo extraño en el hogar: su vaca negra dio a luz un ternero blanco. El cabeza de familia quedó intrigado por lo que pudiera significar ese augurio y envió a su hijo a consultar a Confucio.

Confucio dijo: «Esto es un buen augurio para tu familia. Debes sacrificar el ternero y dar las gracias a los señores del cielo».

La familia hizo lo que Confucio había sugerido.

Un año después, el cabeza de familia perdió de repente la visión de un ojo y, por la misma época, su vaca negra dio a luz a un ternero blanco. De nuevo, el padre pidió a su hijo que preguntara a Confucio el significado de este hecho. Su hijo le respondió: «La última vez que Confucio nos dijo que el ternero blanco era un buen augurio, perdiste un ojo; ¿qué hay de bueno en ello? No creo que debamos consultar más a Confucio».

El padre insistió: «La sabiduría de los sabios está más allá de nuestro entendimiento. Además, con frecuencia no es aparente si algo es bueno o malo a primera vista. Ve y pregunta a Confucio de nuevo».

De mala gana, el hijo acudió a Confucio y le describió la situación. Confucio afirmó: «Este es un buen augurio, vuelve a casa y dile a tu padre que dé gracias por su buena suerte».

Un año más tarde, sin ninguna razón aparente, el hijo perdió la vista de los dos ojos.

No mucho después, el país de Sung fue atacado por el poderoso estado de Chu. Todos los varones sanos fueron enrolados en el ejército. Posteriormente, el pueblo de Sung pudo expulsar a los invasores, pero a costa de muchas vidas. El padre y su hijo ciego escaparon al reconocimiento solo por ser personas discapacitadas.

Cuando terminó la guerra y las vecinas lloraban por sus maridos e hijos, el muchacho ciego se dio cuenta de que su desgracia había sido en realidad una buena suerte. No mucho después, tanto el padre como el hijo recuperaron de repente la vista.

Algo que parece una desgracia en el momento puede convertirse en algo beneficioso posteriormente, y viceversa. Si podemos considerar la suerte y la desgracia de esta forma, seremos menos desgraciados cuando esta nos golpea. También estaremos menos entusiasmados cuando somos afortunados y, por ello, nos deprimiremos menos cuando la buena suerte desaparece.

97
Una cuestión de suerte

Había un acróbata ambulante que se ofreció para actuar ante el rey de Sung. «Muéstrame lo que sabes hacer», le ordenó el rey.

El acróbata se ató a los pies un par de zancos más altos que dos hombres juntos, se subió en ellos y corrió de arriba abajo. Sus pasos eran tan ligeros y su equilibrio tan preciso que los zancos parecían extensiones de sus piernas. Después, tomó siete espadas y, subido todavía en los zancos, hizo malabarismos con las siete, manteniendo siempre cinco de ellas en el aire.

El rey quedó impresionado por la habilidad del acróbata y le hizo un rico presente de sedas y oro.

Otro acróbata ambulante se enteró de esto y decidió intentar obtener una recompensa actuando ante el rey. Acudió al palacio, se ofreció para entretener al rey y procedió a demostrar sus habilidades en el trapecio. Después de la actuación, el rey frunció el ceño y dijo: «El otro día un artista vino para mostrarme sus habilidades, y como yo estaba de buen humor lo despedí con regalos. Tú debes haber oído que puedes hacer dinero rápidamente mostrando las tuyas. Pues bien, hoy no tengo humor para entretenerme».

Sin más palabras, el rey castigó al acróbata y lo encarceló. Felizmente para el artista, cambió el estado de humor del rey después de algunos días y fue liberado.

La suerte le trajo prosperidad al primer acróbata y la falta de suerte le trajo infortunio al segundo, pero al final fue la suerte la que lo salvó. Tanto si atribuimos la suerte a un acto de algún dios, a la naturaleza, o a los caprichos de un hombre poderoso, desempeña un gran papel en nuestro destino. Si podemos reconocer su papel, no estaremos tan frustrados ni enojados cuando somos «desafortunados» ni entusiasmados u orgullosos cuando somos «afortunados».

98
Ver más allá de las apariencias

Po-lo era un criador de caballos famoso por su extraordinaria habilidad para reconocer caballos excepcionales. Había servido a su rey durante un largo periodo de tiempo y era responsable de la cría de los mejores caballos del país.

Como Po-lo estaba envejeciendo y perdiendo fuerzas, el rey estaba preocupado porque el criador de caballos no dejara ningún sucesor al morir. Así que acudió a Po-lo y le dijo: «Tienes ya muchos años, pero no te puedo retirar para que vivas una vida confortable, porque no puedo encontrar a nadie que posea tu habilidad en el reconocimiento de caballos excepcionales. ¿Tienes a alguien de tu familia al que puedas recomendarme como sucesor?».

Po-lo respondió: «Puede reconocerse un buen caballo observando sus músculos, su estructura ósea y su apariencia general. Sin embargo, los mejores caballos no pueden ser identificados solo por la apariencia. Su potencial solo puede verse cuando se han desarrollado y hay que entrenarlos muy temprano para hacer que realicen plenamente todo su potencial. Estos excepcionales caballos tienen una tremenda velocidad y resistencia.

Pueden llevar encima a un guerrero con toda su armadura y correr doscientas leguas sin descanso. Desgraciadamente, nadie de mi familia tiene esta habilidad. Mis hijos pueden distinguir los buenos caballos de los caballos normales, pero son incapaces de reconocer a estos "frente a los caballos de doscientas leguas"».

Cuando el rey mostró su decepción, Po-lo dijo: «No obstante, conozco a alguien que tiene esta capacidad. Se llama Kao y es un porteador que acarrea leña y verduras al mercado como forma de vida. Solo es un simple peón, pero su habilidad para reconocer un caballo ganador es tan buena como la mía».

El rey envió a buscar a Kao y le encargó que encontrase un caballo legendario. Después de tres meses, Kao lo encontró en una remota región. Se lo comunicó al rey, que entonces le preguntó: «¿Cómo es?».

«Es una yegua amarilla» —respondió Kao.

Cuando la yegua fue llevada a los establos de palacio, el rey vio que no era una yegua amarilla sino un semental negro. Convocó a Po-lo y le dijo enojado: «Ese individuo que me recomendaste no es bueno. Me dijo que el caballo era una yegua amarilla, y lo que tenemos aquí es un semental negro. Ni siquiera puede distinguir la diferencia entre un semental y una yegua, ni tampoco el color de su pelaje. ¿Cómo podría servirme como criador de caballos?».

Po-lo asintió en señal de comprensión, pero contestó: «Su capacidad es mucho mayor de todo lo que puedo imaginar. Su habilidad es ahora al menos diez mil veces mayor que la mía, porque mientras que yo juzgo a un caballo por los matices de su apariencia, él puede ver más allá de la apariencia. Cuando ve a un caballo, no ve si es macho o hembra, negro o amarillo. Ve directamente la esencia del equino. Cuando alguien puede ver de este modo, los rasgos externos no tienen ninguna importancia. Lo importante del caballo es su potencial, no si es una yegua o un semental, si tiene pelaje amarillo o negro».

Cuando el equino fue entrenado, el rey descubrió que poseía el mejor caballo del país.

99
Manejar la propia vida y gobernar un país

Cierto rey fue una vez a pedir consejo a un sabio. «¿Puedes decirme cómo puedo gobernar bien mi país?».

«Yo solo sé cómo manejar mi vida. No sé nada de política».

«Soy responsable del gobierno de antiguos templos y de la celebración de ceremonias en acción de gracias a los dioses del cielo y de la tierra, y deseo hacerlas bien».

«He oído decir que alguien que maneja bien su vida no puede gobernar mal un país. Sin embargo, también he oído que alguien que no puede manejar su vida, nunca puede ser un buen gobernante».

El rey dijo: «Bueno; has comprendido la cuestión».

100
Rango, riqueza y capacidad pueden causarte problemas

Un sabio dijo en cierta ocasión a Sun-Shu-ao: «Existen tres cosas en la vida que con certeza te darán problemas. ¿Sabes cuáles son?».

«No lo sé».

«Son el rango, la riqueza y la capacidad. Si ocupas un alto puesto en el gobierno, otros políticos pueden odiarte. Si eres rico, los demás te envidiarán. Si eres demasiado inteligente, tu rey estará celoso de ti. Estas tres cosas te causarán problemas si es que no te cuestan la vida».

«Pero si soy humilde dentro de mi rango, si soy generoso con mi riqueza y si soy modesto con mis capacidades, ¿podré evitar los problemas?».

El sabio sonrió y no respondió nada.

Años después, cuando Shun-Shu-ao estaba en su lecho de muerte, dijo a su hijo: «Cuando ocupaba un puesto en el gobierno, el rey me ofreció uno de los feudos más ricos del país, pero yo no lo acepté. Después de mi muerte, te lo ofrecerá a ti. No debes aceptar las tierras ricas del centro. Acepta solo las regiones pobres y remotas que nadie quiere. De esta forma tú y tus descendientes viviréis una larga vida».

Como Shun-Shu-ao había predicho, el rey ofreció a la familia de Shun la mejor y más rica tierra del país. Siguiendo el consejo de su padre, el hijo rechazó amablemente el regalo del rey y pidió a cambio una región pobre y remota. El rey le otorgó su deseo, y mientras que muchos nobles se alzaron y fueron desposeídos de su poder, los descendientes de Shun-Shu-ao vivieron en paz y conservaron su feudo por muchas generaciones.

101
No se puede aplicar un mismo principio a todas las circunstancias

Había un erudito confuciano que estaba viajando a la capital desde su ciudad natal. Cuando se hallaba atravesando una zona tranquila y poco frecuentada por los viajeros, un grupo de bandidos le robó su dinero, su caballo y su carruaje.

El erudito continuó su viaje a pie como si nada hubiera sucedido. Los ladrones se sorprendieron de que su víctima no diera muestras de decepción ni dolor, así que lo alcanzaron de nuevo y le preguntaron: «La mayoría de las personas quedan desoladas cuando pierden sus posesiones, pero tú no. ¿Por qué?».

El erudito les respondió: «Un hombre virtuoso no está apegado a sus posesiones. Además, no satisfacerá sus necesidades tomando cosas que no son suyas».

Los bandidos se miraron entre sí y dijeron: «Parecen palabras de un hombre sabio».

Después, cuando los ladrones tuvieron tiempo para reflexionar sobre ellas, se dijeron entre sí: «Ese hombre sabio ocupará un puesto en el gobierno y enviará a la policía en nuestra persecución. Es mejor que lo matemos antes de que llegue a la capital».

Así pues, corrieron tras el erudito y lo mataron.

Cuando llegaron a la capital las noticias de su muerte, el anciano de la familia dijo a los miembros de su clan: «Cuando caigáis en manos de los bandidos, no actuéis como ese estúpido erudito».

No mucho tiempo después, uno de los miembros más jóvenes de dicho clan fue a hacer negocios a una de las zonas más remotas del país y cayó en manos de los bandidos. Recordando lo que el anciano de la familia le había dicho, el joven discutió con los ladrones y defendió sus bienes. Cuando los bandidos se marcharon con sus bienes, el joven seguía insistiendo. Corrió tras los ladrones y les instó a que le devolviesen sus bienes.

Los bandidos miraron al joven y le dijeron: «Te perdonamos la vida y ni siquiera lo aprecias. Eres tonto y una molestia, y tus huellas conducirían a la policía hasta nosotros». Así que los bandidos mataron al hombre en el acto.

102
Retribución por accidente

Un hombre rico llamado Yu, orgulloso y altanero, exhibía su riqueza sin vergüenza y se burlaba de quienes no eran tan prósperos. Celebraba fiestas en la azotea de su casa donde, tras una lujosa cena, él y sus huéspedes jugaban al back-gammon y a los dados.

Una tarde, en una partida muy ruidosa, ante la jugada de dobles seises de un jugador, se produjo tal algarabía y jaleo, que asustaron a un pájaro que llevaba una rata en su pico. Soltó su presa y cayó sobre el jefe de una banda de mercenarios que pasaba por allí, que dijo: «Ese Yu me está hartando. Es orgulloso y pretencioso y piensa que con su dinero puede comprar todo. Nunca lo hemos ofendido y ahora nos tira una rata. No soporto este trato. Si no vengo el insulto, ¡seré el hazmerreír de todos los guerreros!».

Entrada ya la noche, el jefe de los mercenarios convocó a sus soldados y les dijo: «Nuestro código de honor ha sido violado. No seremos vengados hasta matar a toda la familia de Yu».

Los soldados acudieron a la rica mansión de Yu a primeras horas de la mañana y mataron a toda la familia.

103
Confundir el nombre con la realidad

Un hombre de las provincias del este estaba viajando por un camino poco frecuentado cuando se desmayó. Por azar pasó por allí un ladrón y se percató de que había un hombre caído al borde del camino.

Viendo que el viajero estaba todavía vivo, el ladrón empezó a reanimarlo ofreciéndole comida y agua. Después de tres bocados, el hombre abrió los ojos. Al ver a un hombre de aspecto brusco y fiero inclinado sobre él, le preguntó: «¿Quién eres?».

El ladrón respondió: «Soy Chiu, de la región de Hu-fu».

Sorprendido, el viajero le interrogó: «¿Acaso no eres el malvado ladrón que es buscado en todas partes?».

«Sí, lo soy».

«Entonces, ¿por qué me has dado comida? Acaso me has asociado con alguien de tu clase? Yo soy un hombre de virtud y no comeré nada que venga de un criminal».

El viajero intentó entonces vomitar la comida que el ladrón le había dado. A continuación se ahogó con su propio vómito y murió.

Aunque Chiu era un criminal, su intención y su acción en esta situación no eran homicidas. Aunque hubiera podido cometer crímenes imperdonables, no había nada de criminal en la comida y en el agua. Las personas bien pensantes con frecuencia siguen ciegamente un principio sin entenderlo y, al hacerlo, confunden el nombre con la realidad.

104
Morir por alguien que te aprecia es algo natural

Había un criado que pensaba que su amo no apreciaba sus capacidades, así que se despidió y se fue a vivir a una ermita cerca del mar. Juró que prefería vivir de bellotas y castañas antes que recibir raciones de comida de su amo.

No mucho tiempo después, su señor fue atacado por sus rivales. El antiguo criado dejó inmediatamente su casa y acudió a defender a su señor. Algunos de sus amigos le dijeron: «En un principio dejaste a tu amo porque no te valoraba. ¿Cómo es que ahora estás tan ansioso de luchar por él? Hemos oído hablar de personas que morirían por un señor que las aprecia, pero nunca hemos oído de personas que darían su vida por alguien que no las valora».

El criado les respondió: «Lo abandoné porque me avergonzaba al no reconocer mis capacidades. Ahora voy a obtener mi venganza. Lo avergonzaré ante sus camaradas príncipes muriendo por él».

Morir por alguien que te valora y negarte a morir por alguien que no te aprecia es natural. Hacer lo contrario por rencor y venganza es violar el orden natural de las cosas.

105
Confundido por demasiadas alternativas

El vecino de Yang-chu perdió una oveja. Toda su familia, junto con los amigos, parientes lejanos e incluso los criados, salieron a buscar al animal.

Cuando Yang-chu vio toda esta conmoción, preguntó a su vecino: «¿Por qué enviar a tantas personas a buscar una sola oveja?».

«Hay muchas encrucijadas en el camino y no sabemos qué dirección ha tomado la oveja».

Poco después, la partida de búsqueda regresó. Yang-chu preguntó entonces a su vecino: «¿Encontraste la oveja?».

«No. Hay demasiados senderos y no fuimos suficientes para recorrerlos todos ellos».

Tras oír esto, Yang-chu frunció el ceño y no dijo ni una sola palabra durante todo el día. Sus alumnos pensaron que su maestro se estaba comportando de un modo raro, y por ello le preguntaron: «Un cordero no es un bien demasiado precioso. Además, no es tu cordero. ¿Por qué estás tan infeliz?».

Como Yang-chu no respondió, uno de sus discípulos, Meng, acudió a Hsin-tu-tse, uno de los amigos de Yang-chu, para ver si podía averiguar la clave de por qué su maestro se comportaba de esa forma.

Hsin-tu-tse acompañó a Meng a ver a Yang-chu. Al verlo, dijo: «Había tres hermanos que fueron a aprender la virtud. Cuando regresaron a su casa tras haber acabado sus estudios, su padre les preguntó qué es lo que habían aprendido. El hijo mayor respondió: "Ser virtuoso es valorar mi cuerpo y nunca sacrificarlo en aras de la reputación". El segundo hijo respondió: "Ser virtuoso es sacrificar mi cuerpo en aras del honor y de la reputación". El tercer hijo respondió: "Ser virtuoso es cuidar mi cuerpo y preservar mi reputación". Los tres muchachos habían ido a aprender de los alumnos de Confucio y, sin embargo, volvían con tres diferentes comprensiones de la virtud. ¿Quién está en lo cierto?».

Yang-chu respondió entonces: «Había un hombre que vivía a orillas de un río y se ganaba la vida atravesando en barca a la gente de una orilla a otra. También era un excelente nadador y con frecuencia rescataba personas que intentaban cruzar el río y fracasaban. Como consecuencia, recibió muchos regalos de personas agradecidas a las que había salvado la vida. En poco tiempo se convirtió en un hombre rico.

»Había muchas personas que habían oído hablar de su pericia en el nadar y querían aprender de él. Todos esperaban hacer mucho dinero rescatando a personas que caían al río, si aprendían de él los secretos de la natación. Sin embargo, más de la mitad de las personas que acudieron a aprender a nadar se ahogaron. Todas ellas aprendían del mismo hombre, pero algunos lo lograban y otros fracasaban».

Hsin-tu-tse movió la cabeza y se marchó sin decir una palabra. Meng lo alcanzó y le preguntó: «¿Qué quiere decir todo esto? Los dos estabais hablando en circunloquios. Ahora estoy incluso más confuso que antes».

Hsin-tu-tse respondió a los discípulos de Yang-chu: «Nuestros amigos no pudieron encontrar la oveja perdida porque fueron confundidos por muchos senderos. Los nadadores aprendices se ahogaron porque estaban demasiado ansiosos de intentar diferentes métodos. Solo existe un principio para aprender el Tao. No os dejéis ofuscar por demasiadas posibilidades. Para cuando hayáis intentado todas las alternativas, estaréis totalmente confusos y no habréis aprendido nada. La única forma de aprender entonces es centrarse en una técnica, ir a su fuente y no abandonarla hasta que hayáis completado vuestro aprendizaje.

»Estoy sorprendido de que hayáis estado con vuestro maestro durante tanto tiempo y que todavía no hayáis entendido estas cosas».

106
Yang-pu y el perro

Un día Yang-pu, el hermano de Yang-chu, iba a salir de su casa llevando un abrigo blanco. Cuando estaba a punto de salir, llovía abundantemente y el patio estaba encharcado y lleno de barro. Yang-pu volvió inmediatamente a su habitación y se puso encima un abrigo negro para no manchar el blanco.

Cuando salió, su perro le ladró y le gruñó. Yang-pu cogió una vara y estaba a punto de golpear al perro cuando su hermano Yang-chu lo detuvo, diciéndole: «No castigues al perro. Su comportamiento es absolutamente natural. Si sales de la casa con un abrigo blanco y a continuación regresas con un abrigo negro, ¿no estarías tú también sorprendido?».

107
Conocimiento y acción

Había un hombre que conocía los secretos de la inmortalidad. El rey de Yen le envió un mensajero para obtener esta información, pero el mensajero era lento, y el hombre murió antes de que le llegase la petición del rey. Cuando el mensajero regresó al palacio, el rey estaba enojado y quiso ordenar su ejecución.

Uno de los ministros favoritos del rey, que estaba por azar cerca de él, le aconsejó: «Si el hombre que afirma conocer los secretos de la inmortalidad no puede mantenerse a sí mismo vivo, ¿cómo puede tener algo que ofreceros?».

El rey asintió con la cabeza y pensó que era una buena reflexión. En consecuencia, dejó libre al mensajero.

Había otro hombre que quería aprender las artes de la inmortalidad. Cuando oyó que un eremita que poseía este secreto acababa de morir, se dio golpes en el pecho y lamentó haber perdido su gran oportunidad.

Cuando un filósofo oyó hablar de estos dos incidentes, dijo: «Estas personas querían aprender los secretos de la inmortalidad. Pero en los dos casos, los autodenominados maestros murieron. Esto muestra que dichos maestros eran un fraude. ¿Por qué lamentar no haber podido aprender de ellos?».

El maestro de Lie Tse, Hu-tse, no estuvo de acuerdo con esto y dijo: «Hay algunas personas que conocen los principios de una habilidad y no pueden aplicarla. Hay personas que pueden aplicar los principios sin conocerlos. Había una vez un gran matemático que transmitió sus secretos a su hijo. El joven memorizó la teoría, pero no pudo aplicarla. Otra persona consiguió la información del hijo y la aplicó con éxito. No hay nada de extraño en que alguien pueda transmitir una teoría, pero no sus aplicaciones. Por ello, no es irrazonable que los mortales puedan poseer información sobre la inmortalidad».

El conocimiento es el precursor de la acción, pero la acción no es necesariamente la precursora del conocimiento. Constituye un caso raro el que alguien posea la teoría y sea capaz de aplicarla. En cuanto a si es más fácil hacer derivar la acción del conocimiento o inducir el conocimiento de la acción, es difícil de decir.

108
Captura y liberación: ¿Acto de compasión o de crueldad?

Había un cierto noble que animaba a sus súbditos a presentarse con palomas el día de Año Nuevo y los recompensaba según el número de palomas que le habían llevado.

Cuando un huésped le preguntó por qué hacía esto, el noble le respondió: «El día de Año Nuevo es un buen día para hacer obras de compasión. Yo libero las palomas que me traen para mostrar que valoro la vida de todos los seres vivos».

El huésped le dijo entonces: «Tus súbditos saben que son bien recompensados por traerte esas aves, así que lucharán para capturar tantas palomas como puedan. Como consecuencia, por cada una que te traen, muchas morirán. Si eres realmente compasivo, ¿por qué no ordenas prohibir la caza de las palomas? Ahora mismo tu denominado acto de compasión ni siquiera puede empezar a compensar la crueldad de la muerte y de la captura de tantas palomas».

El noble se dio cuenta de su error y respondió: «En esto tienes razón y haré como has sugerido».

109
¿Quién fue creado para comerse a quién?

Cierto noble organizó una fiesta de acción de gracias. Al banquete asistían más de mil personas. Cuando se le presentaron algunos gansos y pescados, miró al cielo, suspiró, y dijo: «El cielo es muy bondadoso con nosotros ya que nos provee de arroz y crea pájaros y peces para que comamos».

Todos los huéspedes murmuraron asintiendo de acuerdo con el señor. Sin embargo, uno de los hijos de un huésped, un niño de doce años, se levantó y dijo: «Yo estoy en desacuerdo con esto. Los millones de cosas del cielo y de la tierra difieren solo en forma y aspecto. Nadie es más noble que ninguna otra cosa, y ningún grupo fue creado en beneficio de otro. Todo ser vivo come lo que puede obtener. Nosotros, los seres humanos, comemos peces y pájaros, los mosquitos nos chupan la sangre y los tigres comen nuestra carne. Si dijéramos que los pájaros y los peces fueron creados para que los comamos, entonces tendríamos que admitir que los seres humanos fueron creados para que los mosquitos y los tigres se dieran un festín con nosotros».

110
Todo está en tu mente

Había un hombre que era tan pobre que tenía que mendigar para vivir.

Al principio, los vecinos tenían piedad de él y le ayudaban. Pasado un tiempo, cuando se dieron cuenta de que el hombre estaba planeando vivir de la caridad de los demás, dejaron de ayudarle.

El mendigo se desesperó y finalmente consiguió un trabajo menor en un establo limpiando los excrementos de los caballos. Los vecinos se rieron de él, diciéndole: «¿No tienes vergüenza? Has caído tan bajo que estás dispuesto a limpiar excrementos de caballo».

El pobre respondió: «Toda tarea tiene su lugar en la sociedad. Mendigar era vergonzoso, pero yo mendigaba. Ahora que tengo un trabajo honrado, ¿por qué me iba a avergonzar?».

El que una actividad sea o no vergonzosa depende de lo que pienses de ella.

Había un hombre que tomó el hábito de recoger las cosas que la gente arrojaba en la calle. Juntaba billetes de dinero rotos y recibos estropeados de las casas de empeño y, de vez en cuando, contaba los bienes de su colección. Después iba a sus vecinos y les decía: «Un día seré un hombre muy rico».

El que seas rico o no depende de lo que pienses.

Había una familia que tenía un sicomoro en su patio. Los vecinos solían acudir allí, diciendo: «Los sicomoros tienen frutos pero no tienen flor. Es de mala suerte tener este árbol en tu patio. Debes cortarlo en cuanto puedas».

La familia cortó el árbol y apiló la madera detrás de la casa. Inmediatamente, los vecinos acudieron allí y se la llevaron como leña. La familia empezó a sospechar de los motivos de sus vecinos y se dijeron a sí mismos: «Nuestros vecinos son realmente astutos. Nos dijeron que el árbol nos traería mala suerte y ellos han conseguido leña gratis».

¿Son las personas tan astutas o no? Todo está en tu mente.

Había un hombre que perdió un hacha y tuvo la sospecha de que el niño que vivía en la casa de al lado la había robado. Durante los siguientes días observó los movimientos del muchacho y decidió que su conducta y su apariencia eran la de una persona culpable.

Posteriormente, el hombre encontró el hacha en una zona desierta del bosque. Cuando volvió a su casa, el muchacho vecino ya no le pareció un ladrón.

El que alguien sea culpable o no depende de tu primera opinión sobre él.

111
Quienes se hallan muy implicados, están confusos; quienes observan, están perspicaces

Había un hombre que estaba tan decidido a vengar la muerte de su padre que no podía pensar en nada más. Estaba tan obsesionado haciendo planes para su venganza que se olvidó de que llevaba su bastón al revés. Al apoyarse sobre él, su punta afilada le perforó la mejilla. Uno de sus amigos comentó: «Está tan inmerso en sus propios pensamientos que todo a su alrededor es borroso».

Había otro hombre que estaba obsesionado con hacerse rico. Un día entró en el banco e intentó salir con varios sacos de oro. Los guardas lo apresaron inmediatamente. Alguien que pasaba por allí dijo: «Solo un loco pensaría en robar un banco en presencia de guardas armados».

El hombre respondió: «Mi mente estaba tan obsesionada por el oro que no vi a los guardas».

Con frecuencia se ve a personas que tropiezan con muros o se caen en agujeros porque están tan ocupadas en sus propios pensamientos que no ven lo que está frente a ellas. Cuando estamos demasiado implicados en una situación, no podemos ver lo que está frente a nosotros, y las cosas que son obvias y claras para los que nos rodean son confusas para nosotros. Esto es muy peligroso.